Привет! Русский язык
안녕! 생활 러시아어

최윤희 * Бриченкова Е. С. 공저

도서출판 GS인터비전

머리말

Данное учебное пособие предназначено для студентов, изучающих русский язык на среднем этапе обучения.

Оно может быть использовано как при работе с преподавателем, так и самостоятельно.

Учебное пособие реализует коммуникативную направленность обучения и служит одной цели: практическому овладению языком как средством общения.

Задача учебного пособия состоит в обеспечении быстрого усвоения разных аспектов языка и видов речевой деятельности.

Учебник состоит из 27 уроков и содержит сведения о фонетических и грамматических законах русского языка, краткие сведения о речевом этикете, обобщающие грамматические таблицы, ключи к упражнениям.

Текстовый материал способствует совершенствованию коммуникативных умений и навыков, развивает монологическую и диалогическую речь, знакомит учащихся с культурой России.

Пособие включает учебник и аудиоприложение.

이 책은 초급 수준을 조금 벗어난 러시아어 학습자들을 위하여 만든 교재입니다. 문법 위주의 교재 틀을 벗어나 한 권의 교재 속에 러시아어의 기본 문형과 실용적인 의사소통 표현들을 통해 문법들을 다시금 다지기 하면서 체계적으로 읽고 듣고 쓰고 말하는 능력을 좀 더 쉽고 신속하게 학습할 수 있도록 구성하였습니다. 따라서 이 교재는 러시아어 교육자와 함께 수업교재로도 혹은 학습자 스스로 자기 실력 향상을 위한 독학 교재로도 충분히 이용할 수 있습니다.

이 교재는 기본적인 문법 실력을 바탕으로 실제적인 의사소통 실력을 향상시키는 것을 목적으로 하며, 모든 과의 흐름이 러시아인들의 문화와 언어 에티켓을 배울 수 있는 실용 회화 및 표현 연습, 문법 훈련을 충분히 할 수 있도록 하였습니다. 또한 다양한 주제들을 통해 언어 표현의 다양한 관점과 형태들을 빠르게 익힐 뿐만 아니라 학습자로 하여금 다각도에서 러시아어 실력 향상에 실질적인 도움을 주고자 하였습니다.

교재는 총 27과의 내용과 부록으로 러시아어 기본 문법표와 해답편으로 이루어져 있습니다. 각 과는 다양한 주제의 본문과 실제 회화 및 표현들, 간략한 문법 설명과 연습문제들, 그리고 러시아 관용표현으로 이루어져 있습니다. 각 과의 맨 앞에는 우선적으로 그 과에서 배우려하는 중요구문들을 먼저 제시하여 문법 및 실용 회화 주제를 익힐 수 있도록 하였습니다. 본문과 회화 내용은 러시아인들의 다양한 주제와 상황들로 이루어져 있으며, 꼭 필요한 문법 설명을 요약, 정리해줌으로써 문법 다지기를 할 수 있도록 하였습니다. 또한 다양한 유형의 연습문제를 통해 충분히 실력을 훈련해 볼 수 있도록 하였으며, 마지막으로 러시아인들이 많이 사용하는 관용표현들을 예문들과 함께 제시하여 러시아어 실력을 더욱 풍성하게 할 수 있도록 하였습니다.

마지막으로 출판을 허락해주시고 아낌없는 지원과 격려를 해주신 GS인터비전 출판사의 송기수 사장님과 꼼꼼하게 교재를 마무리해주신 송진우 선생님과 편집부 선생님들께 감사의 인사를 전합니다.

2013. 1월.

저자 일동.

러시아어 자음과 모음

차례	활자체		필기체		명칭		발음	
1	А	а	*А*	*а*	а	아	[a]	아
2	Б	б	*Б*	*б*	бэ	베	[b]	ㅂ
3	В	в	*В*	*в*	вэ	붸	[v]	ㅂ
4	Г	г	*Г*	*г*	гэ	게	[g]	ㄱ
5	Д	д	*Д*	*д*	дэ	데	[d]	ㄷ
6	Е	е	*Е*	*е*	е(йэ)	예	[jɛ]	예
7	Ё	ё	*Ё*	*ё*	ё(йо)	요	[jo]	요
8	Ж	ж	*Ж*	*ж*	жэ	줴	[ʒ]	ㅈ
9	З	з	*З*	*з*	зэ	제	[z]	ㅈ
10	И	и	*И*	*и*	и	이	[i]	이
11	Й	й	*Й*	*й*	и кра́ткое 이 끄라뜨꼬예		[j]	이
12	К	к	*К*	*к*	ка	까	[k]	ㄲ
13	Л	л	*Л*	*л*	эл	엘	[l]	ㄹ
14	М	м	*М*	*м*	эм	엠	[m]	ㅁ
15	Н	н	*Н*	*н*	эн	엔	[n]	ㄴ
16	О	о	*О*	*о*	о	오	[o]	오

차례	활자체		필기체		명칭		발음	
17	П	п	*П*	*п*	пэ	뻬	[p]	ㅃ
18	Р	р	*Р*	*р*	эр	에르	[r]	ㄹ
19	С	с	*С*	*с*	эс	에쓰	[s]	ㅆ
20	Т	т	*Т*	*т*	тэ	떼	[t]	ㄸ
21	У	у	*У*	*у*	у	우	[u]	우
22	Ф	ф	*Ф*	*ф*	эф	에프	[f]	ㅍ
23	Х	х	*х*	*х*	ха	하	[x]	ㅎ
24	Ц	ц	*Ц*	*ц*	цэ	쩨	[ts]	ㅉ
25	Ч	ч	*Ч*	*ч*	че	체	[tʃ’]	치
26	Ш	ш	*Ш*	*ш*	ша	샤	[ʃ]	쉬
27	Щ	щ	*Щ*	*щ*	ща	시샤	[ʃʃ]	시
28	Ъ	ъ	*Ъ*	*ъ*	твёрдый знак 뜨뵤르드이 즈나크			-
29	Ы	ы	*Ы*	*ы*	ы	의	[ɨ]	의
30	Ь	ь	*Ь*	*ь*	мя́гкий знак 먀흐끼 즈나크			-
31	Э	э	*Э*	*э*	э	에	[ɛ]	에
32	Ю	ю	*Ю*	*ю*	ю	유	[ju]	유
33	Я	я	*Я*	*я*	я	야	[ja]	야

차 례

Урок 1

Дава́йте знако́мимся!

인사 나누어요!

주격과 대격 (1)

Как вас зову́т?	당신의 이름은 무엇입니까?
Меня́ зову́т Ивано́ва Анастаси́я.	내 이름은 이바노바 아나쓰따씨야입니다.
Я учу́сь в МГУ.	나는 엠게우에 다닙니다.
Я изуча́ю исто́рию.	나는 역사를 배웁니다.
Я люблю́ иностра́нные языки́.	나는 외국어를 좋아합니다.
Мой родно́й го́род – Ни́жний Но́вгород.	나의 고향은 니쥐니 노브고로드입니다.

ПОЧИТАЕМ

Москва

Нижний Новгород

Дава́йте познако́мимся!

Меня́ зову́т Ивано́ва Анастаси́я Алексе́евна. Ивано́ва - э́то моя́ фами́лия. Анастаси́я - э́то моё и́мя, а Алексе́евна - моё о́тчество.

Я студе́нтка. Я живу́ в Москве́. Я учу́сь в МГУ. Я изуча́ю росси́йскую исто́рию. Я ду́маю, что исто́рия – о́чень интере́сная нау́ка.

Я люблю́ иностра́нные языки́ и хорошо́ говорю́ по-англи́йски. Я немно́го зна́ю неме́цкий язы́к. Я люблю́ чита́ть истори́ческие рома́ны, слу́шать популя́рную му́зыку.

Мой родно́й го́род – Ни́жний Но́вгород. Это не о́чень большо́й, но краси́вый го́род.

Истори́ческий центр – э́то Кремль, пло́щадь и музе́й. Тури́сты о́чень лю́бят гуля́ть здесь.

Моя́ семья́ хорошо́ зна́ет наш краси́вый го́род. Мой па́па – экскурсово́д, а ма́ма – исто́рик. В свобо́дное вре́мя мы ча́сто гуля́ем вме́сте.

인사 나누어요!

나의 이름은 이바노바 아나쓰따씨야 알렉세예브나예요. 이바노바는 나의 성이에요. 그리고 아나쓰따씨야는 나의 이름이고, 알렉세예브나는 나의 부칭이에요. 나는 대학생이에요. 나는 모스크바에 살고 있어요. 나는 엠게우에 다녀요. 나는 역사를 배우고 있어요. 나는 역사가 매우 재미있는 학문이라고 생각해요.

나는 외국어를 좋아하고 영어를 잘해요. 나는 독일어를 조금 알아요. 나는 역사소설을 읽고 유행가 듣는 것을 좋아해요.

나의 고향은 니쥐니 노브고로드예요. 이곳은 매우 크지는 않지만 아름다운 도시예요.

역사적인 중심지는 크레믈, 광장과 박물관이에요. 관광객들은 이곳에서 산책하는 것을 좋아한답니다. 나의 가족은 우리의 아름다운 도시를 잘 알아요. 나의 아빠는 관광가이드이며, 엄마는 역사가예요. 여가 시간에 우리는 자주 함께 산책을 한답니다.

СЛОВАРЬ

фами́лия	성	истори́ческий	역사적인
и́мя	이름	рома́н	(장편)소설
о́тчество	부칭	популя́рный	인기있는
учи́ться (где?)	배우다, (학교에)다니다	родно́й	태어난, 고향의
изуча́ть (что?)	배우다, 공부하다	пло́щадь	광장
нау́ка	학문, 과학	тури́ст	관광객
иностра́нный	외국의	исто́рия	역사
неме́цкий	독일의	исто́рик	역사가
экскурсово́д	관광가이드	ду́мать	생각하다
МГУ(Моско́вский госуда́рственный университе́т)		엠게우(모스크바 국립 대학교)	

ПОГОВОРИМ

1. Кто она́?	그녀는 무슨 일을 합니까?
2. Как её зову́т?	그녀의 이름은 무엇입니까?
3. Где она́ живёт?	그녀는 어디에서 살고 있습니까?
4. Где она́ у́чится?	그녀는 어디에서 공부를 합니까?
5. Что она́ изуча́ет?	그녀는 무엇을 배웁니까?
6. Что она́ лю́бит?	그녀는 무엇을 좋아합니까?
7. Каки́е иностра́нные языки́ она́ зна́ет?	그녀는 어떤 외국어를 알고 있습니까?
8. Кто её ма́ма и па́па?	그녀의 엄마와 아빠는 무슨 일을 합니까?
9. Как называ́ется её родно́й го́род? Како́й он? Что есть там?	그녀의 고향 도시 이름은 무엇입니까? 도시는 어떠합니까? 도시에는 무엇이 있습니까?
10. Как называ́ется ваш родно́й го́род? Како́й он? Что есть там?	여러분의 고향도시 이름은 무엇입니까? 도시는 어떠합니까? 도시에는 무엇이 있습니까?

ДИАЛОГ

①

- Приве́т! Как тебя́ зову́т?
- Приве́т! Меня́ зову́т Ди́ма. А тебя́?
- Меня́ зову́т Ве́ра.
- Очень прия́тно.

- 안녕! 너의 이름은 무엇이니?
- 안녕! 내 이름은 지마야. 너는?
- 내 이름은 베라야.
- 매우 반가워.

②

- Здра́вствуйте! Как вас зову́т?
- До́брый день! Меня́ зову́т Мари́на Ива́новна. А вас?
- Меня́ зову́т Макси́м Петро́вич. Очень рад.
- Я то́же о́чень ра́да.

- 안녕하세요! 당신의 이름은 무엇입니까?
- 안녕하세요! 제 이름은 마리나 이바노브나 입니다. 당신은요?
- 제 이름은 막심 뻬뜨로비치입니다. 매우 기쁩니다.
- 저도 역시 매우 반갑습니다.

③

- Познако́мьтесь. Это Ка́тя. Это Ве́ра.
- Очень ра́да. Ивано́ва Екатери́на.
- Очень прия́тно. Смирно́ва Ве́ра.

④

- Познако́мьтесь, пожа́луйста. Это Серге́й Бори́сович. Это Ольга Петро́вна.
- Очень прия́тно. Тито́в Серге́й Бори́сович.
- Очень ра́да. Ивано́ва Ольга Петро́вна.

- 인사 나눠. 얘는 까짜야. 얘는 베라야. - 매우 기뻐. 이바노바 예까쩨리나야. - 매우 반가워. 스미르노바 베라야.	- 인사 나누세요. 이 분은 세르게이 보리소비치 입니다. 이 분은 올가 뻬뜨로브나입니다. - 매우 반갑습니다. 찌또프 세르게이 보리소비치 입니다. - 매우 기쁩니다. 이바노바 올가 뻬뜨로브나 입니다.

ГРАММАТИКА

주격과 대격(불활동체 명사)

1) 명사의 주격과 대격

러시아어에는 단수 6격, 복수 6격이 있다. 주격(1격)은 의문사 **кто? что?**에 대한 답으로 단어의 기본형에 해당되는 형태이다. 주격형은 문장의 주어로도, 술어로도 사용된다. 대격(4격)은 타동사의 직접 목적어로 잘 나타나는 형으로 명사의 성에 따라 형태가 다르게 나타난다.

① 사물을 나타내는 불활동체 남성명사와 중성명사는 주격과 대격 형태가 동일하다. (사람이나 동물을 나타내는 활동체 남성명사의 대격은 2과 참조)

② 여성명사 대격은 어미 **-у**, **-ю**를 가진다.

2) 형용사, 소유대명사의 주격과 대격

형용사, 소유대명사는 그것이 수식하는 명사의 성, 수, 격에 일치한다. 단, 소유대명사 3인칭 단수 형태인 **его, её, их**는 수식하는 명사의 성, 수, 격과 관계없이 모든 형태에서 사용된다.

		주격(1격) (что?)		대격(4격) (что?)	
단수	남성	но́вый си́ний большо́й	журна́л дом теа́тр	но́вый си́ний большо́й	журна́л дом теа́тр
	여성	но́вая си́няя большая́	му́зыка су́мка маши́на	но́вую си́нюю большу́ю	му́зыку су́мку маши́ну
	중성	но́вое си́нее большо́е	окно́ не́бо по́ле	но́вое си́нее большо́е	окно́ не́бо по́ле
복수		но́вые си́ние больши́е	журна́лы глаза́ о́кна	но́вые си́ние больши́е	журна́лы глаза́ о́кна

		주격(1격) (что?)		대격(4격) (что?)	
단수	남성	мой твой наш ваш его́, её, их	журна́л слова́рь	мой твой наш ваш его́, её, их	журна́л слова́рь
	여성	моя́ твоя́ на́ша ва́ша его́, её, их	му́зыка пе́сня тетра́дь	мою́ твою́ на́шу ва́шу его́, её, их	му́зыку пе́сню тетра́дь
	중성	моё твоё на́ше ва́ше его́, её, их	окно́ по́ле	моё твоё на́ше ва́ше его́, её, их	окно́ по́ле
복수		мои́ твои́ на́ши ва́ши его́, её, их	пе́сни журна́лы о́кна	мои́ твои́ на́ши ва́ши его́, её, их	пе́сни журна́лы о́кна

ЗАДАНИЯ И УПРАЖНЕНИЯ

1. 다음 주어진 단어들을 올바른 형태로 고쳐 문장을 완성해 보세요.

1) Я чита́ю ____________________.	кни́га, рома́ны, статья́, эссе́, журна́л, письмо́, уче́бник
2) Они́ смо́трят ________________.	фильм, кино́, фанта́стика, спорт, но́вости, сериа́л, програ́мма
3) Студе́нты изуча́ют ________________.	лингви́стика, матема́тика, исто́рия, текст, литерату́ра, культу́ра
4) Он пи́шет ____________________.	письмо́, расска́з, дикта́нт, слова́, кни́га, сочине́ние

2. 오른쪽에 주어진 각 단어들을 올바른 형태로 고쳐 문장을 완성해 보세요.

1) Ира зна́ет ________________________.	англи́йский язы́к ру́сская литерату́ра коре́йская исто́рия европе́йская культу́ра
2) Мы изуча́ем ______________________.	совреме́нная лингви́стика истори́ческие рома́ны кита́йская ку́хня ру́сский язы́к
3) Они́ смо́трят ______________________.	любо́вный фильм америка́нское кино́ после́дние но́вости вече́рняя програ́мма
4) Я чита́ю _________________________.	интере́сные кни́ги но́вый журна́л Росси́йская газе́та популя́рное эссе́

3. 주어진 대화를 완성해 보세요.

1) - Приве́т!
- ___________! Как тебя́ зову́т?
- ____________________ Ма́ша.

2) - _________________! Дава́йте познако́мимся!
- До́брый день! ________________________.
- Меня́ зову́т Бори́с Ива́нович. А вас?
- _______________________ Светла́на Миха́йловна.
- Очень прия́тно.
- _____________________.

3) - Приве́т! Познако́мьтесь. ___________________________.
- Очень рад.
- _____________________.

4. 아래 사진 속에 있는 인물이 누구인지, 직업이 무엇인지 말해보세요.

1)	2)	3)

Пу́шкин Алекса́ндр Серге́евич	Пу́тин Влади́мир Влади́мирович	Шара́пова Мари́я Юрьевна

5. 아래 질문들에 러시아어로 대답해 보세요.

1) Как вас зову́т?

2) Кто вы?

3) Где вы живёте?

4) Кака́я у вас семья́?

5) Кто ва́ши роди́тели? Как их зову́т?

6) Где вы у́читесь?

7) Что вы изуча́ете?

8) Каки́е иностра́нные языки́ вы зна́ете?

9) Что вы лю́бите?

10) Како́й ваш родно́й го́род?

관용표현

Ско́лько лет ско́лько зим!

얼마만이야(정말 오랜만이야)!
〈정말 오랜만에 만났을 때 사용하는 표현이다〉

- Ната́ша, **ско́лько лет ско́лько зим!**
- Све́та, как давно́ я тебя́ не ви́дела. Прошло́ уже́ 10 лет.

MEMO

Урок 2

Меня́ зову́т Бори́с.

제 이름은 보리스입니다.

주격과 대격 (2)

Моего́ ста́ршего бра́та зову́т Ники́та.	나의 형 이름은 니끼따입니다.
Мою́ мла́дшую сестру́ зову́т Оля.	나의 여동생 이름은 올랴입니다.
Она́ врач.	그녀는 의사입니다.
Оте́ц лю́бит спорт.	아버지는 스포츠를 좋아합니다.
Мой брат лю́бит смотре́ть кино́.	나의 형은 영화 보는 것을 좋아합니다.
Он похо́ж на ма́му.	그는 엄마를 닮았습니다.

ПОЧИТАЕМ

Меня́ зову́т Ивано́в Бори́с. Я студе́нт.

Это моя́ семья́. Моего́ отца́ зову́т Ивано́в Влади́мир Никола́евич. Он бизнесме́н. Мою́ ма́му зову́т Ивано́ва Ве́ра Серге́евна. Она́ врач. Ма́ма лю́бит чита́ть любо́вные рома́ны и класси́ческую му́зыку. Оте́ц лю́бит спорт, осо́бенно футбо́л.

Моего́ ста́ршего бра́та зову́т Ники́та. Он студе́нт. Мой брат лю́бит смотре́ть кино́, осо́бенно фанта́стику.

Мою́ мла́дшую сестру́ зову́т Оля. Она́ ещё шко́льница. Моя́ сестра́ лю́бит америка́нские сериа́лы и популя́рную му́зыку.

Моего́ де́душку зову́т Кузнецо́в Серге́й Никола́евич. Мою́ ба́бушку зову́т Мари́я Петро́вна. Они́ на пе́нсии. Они́ лю́бят путеше́ствовать.

Моего́ дя́дю зову́т Кузнецо́в Дми́трий Серге́евич. Он юри́ст. Мой дя́дя лю́бит чита́ть истори́ческие рома́ны. Мою́ тётю зову́т Окса́на Алекса́ндровна. Она́ фото́граф. Она́ о́чень лю́бит мо́ре и го́ры.

На́ша семья́ о́чень дру́жная. Мы ча́сто собира́емся вме́сте.

내 이름은 이바노프 보리스야. 나는 대학생이야.

이 사람들은 나의 가족이야. 나의 아버지 이름은 이바노프 블라지미르 니꼴라예비치야. 아버지는 사업가야. 나의 어머니 이름은 이바노바 베라 세르게예브나야. 어머니는 의사야. 어머니는 연애소설 읽기와 클래식 음악 듣기를 좋아하셔. 아버지는 스포츠를 좋아하시는데, 특히 축구를 좋아하셔.

나의 형 이름은 니끼따야. 그는 대학생이야. 나의 형은 영화보는 것을 좋아하는데, 특히 공상영화를 좋아해.

나의 여동생 이름은 올랴야. 그녀는 아직 고등학생이야. 나의 여동생은 미국 시리즈물과 대중음악을 좋아해.

나의 할아버지 이름은 꾸즈네초프 세르게이 니꼴라예비치야. 나의 할머니 이름은 마리야 뻬뜨로브나야. 그들은 연금을 받고 계셔. 그들은 여행다니시는 것을 좋아하셔.

삼촌의 이름은 꾸즈네초프 드미뜨리 세르게예비치야. 그는 변호사야. 나의 삼촌은 역사소설 읽는 것을 좋아하셔. 숙모의 이름은 옥사나 알렉산드로브나야. 그녀는 사진작가야. 숙모는 바다와 산들을 좋아해.

우리 가족은 매우 사이가 좋아. 우리는 다함께 자주 모이곤 해.

СЛОВАРЬ

бизнесме́н	사업가	америка́нский	미국의
врач	의사	сериа́л	시리즈물
любо́вный	사랑의, 애정의	пе́нсия	연금
класси́ческий	고전적인	путеше́ствовать	여행하다
осо́бенно	특히	юри́ст	변호사
ста́рший	연장의, 나이가 더 많은	фото́граф	사진사
фанта́стика	환상·공상적인 것	собира́ться(где? с кем?)	모이다
дру́жный	친한, 사이가 좋은	мла́дший	나이가 더 어린

ПОГОВОРИМ

1. Как его́ зову́т? Кто он?	그의 이름은 무엇입니까? 그는 무슨 일을 합니까?
2. Как зову́т его́ отца́? Кто он? Что лю́бит его́ оте́ц?	그의 아버지 이름은 무엇입니까? 그는 무슨 일을 합니까? 그의 아버지는 무엇을 좋아합니까?
3. Как зову́т его́ ма́му? Кто она? Что лю́бит его́ ма́ма?	그녀의 어머니 이름은 무엇입니까? 그녀는 무슨 일을 합니까? 그의 어머니는 무엇을 좋아합니까?
4. Как зову́т его́ бра́та? Кто он? Что лю́бит его́ бра́т?	그의 형 이름은 무엇입니까? 그는 무슨 일을 합니까? 그의 형은 무엇을 좋아합니까?
5. Как зову́т его́ сестру́? Кто она́? Что она́ лю́бит?	그의 여동생 이름은 무엇입니까? 그녀는 무슨 일을 합니까? 그녀는 무엇을 좋아합니까?
6. Кто его́ де́душка и ба́бушка? Что они́ лю́бят?	그의 할아버지와 할머니는 무슨 일을 합니까? 그들은 무엇을 좋아합니까?
7. Кто его́ дя́дя и тётя? Что они́ лю́бят?	그의 삼촌과 숙모는 무슨 일을 합니까? 그들은 무엇을 좋아합니까?
8. У вас есть семья́? Кака́я она́?	여러분은 가족이 있습니까? 가족이 어떻게 됩니까?
9. Кто они́ по профе́ссии?	그들은(가족들은) 무슨 일을 합니까?
10. Что они́ лю́бят?	그들은 무엇을 좋아합니까?

ДИАЛОГ

① - Бори́с, покажи́, пожа́луйста, ваш семе́йный альбо́м!
- Ира, одну́ мину́точку. Вот на́ши фотогра́фии.
- Бори́с, э́то твои́ роди́тели?
- Да. Это мой оте́ц и ма́ма.
- Как зову́т твоего́ отца́ и твою́ ма́му?
- Моего́ отца́ зову́т Никола́й Влади́мирович, а мою́ ма́му зову́т Ве́ра Серге́евна.
- Бори́с, я ду́маю, что ты о́чень похо́ж на ма́му.

- 보리스, 너의 가족 사진 좀 보여줘!
- 이라, 잠시만. 여기 우리 가족사진이야.
- 보리스, 이분들이 너의 부모님들이시니?
- 응. 이분이 나의 아버지와 어머니야.
- 너의 아버지와 어머니의 성함이 어떻게 되니?
- 나의 아버지 이름은 니꼴라이 블라지미로비치이고, 어머니의 이름은 베라 세르게예브나야.
- 보리스, 내 생각에 너는 어머니를 매우 많이 닮은 것 같아.

② - А э́то кто? Твой брат?
- Да. Моего́ ста́ршего бра́та зову́т Ди́ма.
- Твой брат похо́ж на спортсме́на!
- Ты прав. Ди́ма о́чень лю́бит футбо́л.
- Это твоя́ сестра́?
- Да. Мою́ мла́дшую сестру́ зову́т Оля. Она́ ещё шко́льница.
- У вас больша́я семья́.

- 그런데 이 사람은 누구니? 너의 형이니?
- 응. 나의 형 이름은 지마야.
- 너의 형은 스포츠맨 같아!
- 네 말이 맞아. 지마는 축구를 매우 좋아해.
- 이 애가 너의 여동생이니?
- 그래. 나의 여동생 이름은 올랴야. 동생은 아직 고등학생이야.
- 너의 집은 대가족이구나.

ГРАМАТИКА

주격과 대격(활동체 명사)

1) 명사의 주격과 대격(활동체)

① 사람이나 동물을 나타내는 활동체 남성 명사의 대격과 생격 형태가 동일하다. 즉, 어미 -а, -я를 가진다. 남성명사이지만 주격 어미가 -а, -я로 끝나는 명사의 대격은 여성 명사의 경우와 동일한 어미 -у, -ю를 가진다.

② 여성명사는 활동체, 불활동체 구분 없이 모두 대격은 어미 -у, -ю를 가진다.

2) 형용사, 소유대명사의 주격과 대격

형용사, 소유대명사는 그것이 수식하는 명사의 성, 수, 격에 일치한다. 단, 소유대명사 3인칭 단수 형태인 его, её, их는 수식하는 명사의 성, 수, 격과 관계없이 모든 형태에서 사용된다.

<table>
<tr><th colspan="2"></th><th colspan="2">주격(1격)
(кто?)</th><th colspan="2">대격(4격)
(кого?)</th></tr>
<tr><td rowspan="2">단수</td><td>남성</td><td>но́вый
хоро́ший</td><td>студе́нт</td><td>но́вого
хоро́шего</td><td>студе́нта</td></tr>
<tr><td>여성</td><td>но́вая
хоро́шая</td><td>студе́нтка</td><td>но́вую
хоро́шую</td><td>студе́нтку</td></tr>
<tr><td colspan="2">복수</td><td>но́вые
хоро́шие</td><td>студе́нты</td><td>но́вых
хоро́ших</td><td>студе́нтов</td></tr>
</table>

<table>
<tr><td rowspan="2">단수</td><td>남성</td><td>мой
твой
наш
ваш
его́, её, их</td><td>оте́ц
Игорь
де́душка
дя́дя</td><td>моего́
твоего́
на́шего
ва́шего
его́, её, их</td><td>отца́
Игоря
де́душку
дя́дю</td></tr>
<tr><td>여성</td><td>моя́
твоя́
на́ша
ва́ша
его́, её, их</td><td>тётя
мать</td><td>мою́
твою́
на́шу
ва́шу
его́, её, их</td><td>тётю
мать</td></tr>
<tr><td colspan="2">복수</td><td>мои́
твои́
на́ши
ва́ши
его́, её, их</td><td>бра́тья
студе́нтки
роди́тели
друзья́</td><td>мои́х
твои́х
на́ших
ва́ших
его́, её, их</td><td>бра́тьев
студе́нток
роди́телей
друзе́й</td></tr>
</table>

ЗАДАНИЯ И УПРАЖНЕНИЯ

1. 아래 보기와 같이 빈칸에 올바른 형태를 넣어 문장을 완성해 보세요.

〈보기〉
Это моя́ подру́га. __________ зову́т Све́та.
→ Мою́ подру́гу зову́т Све́та.

1) Это моя́ сестра́. ___________ зову́т Ка́тя.
2) Вот твой брат? Как зову́т _______________?
3) Это моя́ дочь и мой сын. __________ зову́т Ли́да и __________ зову́т Пе́тя.
4) Познако́мьтесь, наш дире́ктор. __________ зову́т Ивано́в Его́р Петро́вич.
5) Это ваш друг? Как зову́т ____________?
6) Это ва́ши де́ти? Как зову́т _____________?
7) Это твои́ роди́тели? Как зову́т _____________?

2. 다음 주어진 단어들을 올바른 형태로 고쳐 문장을 완성해 보세요.

1) Кого́ он лю́бит?	бли́зкие друзья́, америка́нская актри́са, росси́йский футболи́ст
2) На кого́ он похо́ж?	изве́стный спортсме́н, популя́рный певе́ц, свои́ роди́тели
3) Кого́ она́ лю́бит?	коре́йская певи́ца, молодо́й челове́к, ваш друг

3. 주어진 대화를 완성해 보세요.

1) - Приве́т! ____________________________?
- Меня́ зову́т Ни́на.
- ________________________?
- Я студе́нтка.

2) - Же́ня, ____________________________?
- Нет, э́то не мой брат. Это мой друг.
- Как его́ зову́т?
- ____________________________.

3) - Это моя́ ма́ма.
- ________________________?
- Её зову́т Ольга Ви́кторовна.
- ________________________?
- Она́ пиани́стка.

4. 다음 사진을 보고 사람들의 이름과 직업에 대해 말해보세요.

1)	2)

5. 아래 질문들에 러시아어로 대답해 보세요.

1) Как зову́т ва́шего отца́?
2) Кто он по профе́ссии?
3) Как зову́т ва́шу ма́му?
4) Кто она́?
5) Скажи́те, у вас есть брат и́ли сестра́. Как их зову́т?
6) Кто ваш брат и ва́ша сестра́?
7) Что лю́бят ва́ши роди́тели?
8) Что не лю́бят ва́ши роди́тели?
9) Что лю́бят ва́ша сестра́ и брат?
10) Что не лю́бят ва́ша сестра́ и брат?

관용표현

Жить душа́ в ду́шу

사이좋게 살다
〈함께 살면서 서로 잘 이해하는 경우 사용하는 표현이다〉

- Оле́г, как дела́? Как семья́?
- У нас всё хорошо́. Мы **живём душа́ в ду́шу**, друг дру́га понима́ем, уважа́ем.

Урок 3

Я изуча́ю ру́сский язы́к.
나는 러시아어를 배웁니다.

동사 현재형(I, II식 변화)

Он зна́ет ру́сский язы́к.	그는 러시아어를 압니다.
Я немно́го говорю́ по-ру́сски.	나는 러시아어를 조금 말할 줄 압니다.
Я хорошо́ говорю́ по-ру́сски.	나는 러시아어를 잘 말 합니다.
Он хорошо́ говори́т по-англи́йски.	그는 영어를 잘 말합니다.
Он очень хорошо́ зна́ет ру́сскую литерату́ру.	그는 러시아 문학을 매우 잘 압니다.
Я ещё пло́хо говорю́, но хорошо́ понима́ю по-ру́сски.	나는 아직 러시아어로 말하는 것은 서툴지만 이해는 잘합니다.

ПОЧИТАЕМ

Наш университе́т

Меня́ зову́т Ми́ра. Я – корея́нка. Я учу́сь в университе́те и изуча́ю ру́сский язы́к. Я немно́го говорю́ по-ру́сски.

Наш университе́т большо́й и совреме́нный. Здесь есть бога́тая библиоте́ка, широ́кий стадио́н, краси́вый университе́тский парк, ую́тная столо́вая, просто́рные уче́бные корпуса́.

Это на́ша гру́ппа. Мои́х друзе́й зову́т Па́трик, А́лан и Ми́ка. Они́ – иностра́нцы.

Па́трик – францу́з. Он хорошо́ говори́т по-францу́зски, по-англи́йски. Па́трик то́же хорошо́ говори́т по-ру́сски. Он изуча́ет росси́йскую исто́рию.

Алан – не́мец. Он хорошо́ говори́т по-неме́цки. Алан хорошо́ говори́т и по-ру́сски. Он о́чень хорошо́ зна́ет ру́сскую литерату́ру.

Ми́ка – япо́нка. Она́ хорошо́ говори́т по-япо́нски. Ми́ка немно́го говори́т по-ру́сски. Она́ изуча́ет ру́сский язы́к недо́лго.

우리 대학

내 이름은 미라입니다. 나는 한국 사람입니다. 나는 대학을 다니고 있고 러시아어를 배우고 있습니다. 나는 러시아어를 조금 말할 줄 압니다.

우리 대학은 크고 현대적입니다. 대학에는 큰 도서관, 넓은 경기장, 아름다운 대학 공원, 편리한 식당, 대형 학교 건물들이 있습니다.

이들은 우리 그룹 사람들입니다. 나의 친구들 이름은 빠뜨리크, 알란과 미까입니다. 그들은 외국인들입니다.

빠뜨리크는 프랑스인입니다. 그는 프랑스어, 영어를 잘 말합니다. 빠뜨리크는 러시아어 또한 잘 말합니다. 그는 러시아 역사를 배우고 있습니다.

알란은 독일인입니다. 그는 독일어를 잘 말합니다. 알란은 러시아어도 잘 말합니다. 그는 러시아 문학을 매우 잘 압니다.

미까는 일본인입니다. 그녀는 일본어를 잘 말합니다. 미까는 러시아어를 조금 말할 줄 압니다. 미까는 러시아어를 짧은 기간 동안 배우고 있습니다.

СЛОВАРЬ

университе́т	대학교	уче́бный	학교의
корея́нка	한국인(여)	ко́рпус	건물
по-ру́сски	러시아어로	гру́ппа	그룹
совреме́нный	현대적인	иностра́нец, иностра́нцы	외국인, 외국인들
бога́тый	부유한, 풍부한	францу́з	프랑스인(남)
библиоте́ка	도서관	по-францу́зски	프랑스어로
широ́кий	넓은	по-англи́йски	영어로
стадио́н	경기장	росси́йский	러시아의
краси́вый	아름다운	не́мец	독일인(남)
университе́тский	대학의	по-неме́цки	독일어로
ую́тный	편리한	литерату́ра	문학
столо́вая	식당	япо́нка	일본인(여)
просто́рный	넓은, 광활한	по-япо́нски	일본어로

ПОГОВОРИМ

1. Как зову́т гла́вного геро́я?	주인공 이름이 무엇입니까?
2. Кто она́?	그녀는 무슨 일을 합니까?
3. Что она́ изуча́ет?	그녀는 무엇을 배웁니까?

4. Какие иностранные языки она знает?	그녀는 어떤 외국어들을 알고 있습니까?
5. Какой университет? Что там есть?	대학교는 어떠합니까? 거기에는 무엇이 있습니까?
6. Как зовут её друзей? Расскажите, кто они.	그녀의 친구들 이름은 무엇입니까? 친구들은 무슨 일을 하는지 말해보세요.
7. Какие иностранные языки они знают?	그들은 어떤 외국어들을 알고 있습니까?
8. Что они изучают?	그들은 무엇을 배우고 있습니까?
9. Расскажите, какая у вас группа. Что вы изучаете?	여러분에게는 어떤 그룹이 있는지 말해보세요. 당신은 무엇을 배우고 있습니까?
10. Какие иностранные языки вы знаете?	여러분은 어떤 외국어들을 알고 있습니까?

ДИАЛОГ

① - Ты хорошо говоришь по-русски?
- Да, хорошо. А ты?
- Я ещё плохо говорю, но хорошо понимаю.

- 너는 러시아어로 말 잘하니?
- 응, 잘해. 그런데 너는?
- 나는 아직 말하는 것은 서툴지만, 이해는 잘해.

② - Саша, скажи, пожалуйста, ты хорошо говоришь по-корейски?
- Нет, я ещё плохо говорю, но читаю хорошо.

- 사싸, 너는 한국어로 말 잘 하니?
- 아니, 나는 말하는 것은 아직 서툴지만, 읽는 것은 잘해.

③ - Скажите, пожалуйста, вы говорите по-английски?
- Да, говорю.
- Как по-русски "university"?
- Университет.
- Спасибо.
- Пожалуйста.

- 당신은 영어를 말할 줄 아십니까?
- 예. 할 줄 압니다.
- 러시아어로 «university»를 어떻게 말합니까?
- «университет»라고 합니다.
- 감사합니다.
- 천만에요.

ГРАММАТИКА

동사의 현재 인칭변화

현재 상태의 행위, 상태를 의미하는 동사의 현재형은 주어 인칭에 따라 변화한다. 러시아어 동사는 동사형의 형태에 따라 Ⅰ식 변화와 Ⅱ식 변화형으로 구분된다. Ⅰ식 변화 동사는 어간이 모음으로 끝나며, Ⅱ식 변화 동사는 대부분 자음으로 끝난다.

1) 동사의 현재 인칭변화(1) - Ⅰ식 변화

① 동사의 현재 인칭변화는 주어의 인칭과, 단수, 복수에 의해 6가지 형태로 변화한다. 즉, 각 인칭에 따라 형태가 정해져 있다. 동사 **чита́ть**(읽다)의 변화형을 보면 공통적으로 변하지 않는 **чита-** 부분을 현재어간이라고 부르고, 그 뒤에 인칭과 수에 따라 변하는 부분을 현재 인칭변화어미라고 부른다.

동사원형 / 인칭	чита́ть	(책을)읽다
я	чита́**ю**	나는 읽고 있다.
ты	чита́**ешь**	너는 읽고 있다.
он, она	чита́**ет**	그는(그녀는) 읽고 있다.
мы	чита́**ем**	우리는 읽고 있다.
вы	чита́**ете**	당신은 읽고 있다.
они	чита́**ют**	그들은 읽고 있다.

② 동사 **чита́ть**(읽다)와 같이 현재 인칭변화 어미 -ю, -ешь, -ет, -ем, -ете, -ют로 변하는 동사 변화를 Ⅰ식 변화라고 부르고, 여기에 속하는 동사를 Ⅰ식 변화 동사라고 한다.

예) чита́ть, зна́ть, рабо́тать, отвеча́ть, понима́ть, спра́шивать, слу́шать, отдыха́ть, ду́мать, рисова́ть, игра́ть, объясня́ть

인칭 \ 동사원형	де́лать (하다)	изуча́ть (배우다)	писа́ть (쓰다)
я	де́лаю	изуча́ю	пишу́
ты	де́лаешь	изуча́ешь	пи́шешь
он, она	де́лает	изуча́ет	пи́шет
мы	де́лаем	изуча́ем	пи́шем
вы	де́лаете	изуча́ете	пи́шете
они	де́лают	изуча́ют	пи́шут

2) 동사의 현재 인칭변화(2) - Ⅱ식 변화

① 동사의 현재 인칭변화는 주어의 인칭과, 단수, 복수에 의해 6가지 형태로 변화한다. 즉, 각 인칭에 따라 형태가 정해져 있다. 동사 **говори́ть**(말하다)의 변화형을 보면 공통적으로 변하지 않는 **говор-** 부분을 현재어간이라고 부르고, 그 뒤에 인칭과 수에 따라 변하는 부분을 현재 인칭변화어미라고 부른다.

인칭 \ 동사원형	говори́ть	말하다
я	говор**ю́**	나는 말하고 있다.
ты	говор**и́шь**	너는 말하고 있다.
он, она	говор**и́т**	그는(그녀는) 말하고 있다.
мы	говор**и́м**	우리는 말하고 있다.
вы	говор**и́те**	당신은 말하고 있다.
они	говор**я́т**	그들은 말하고 있다.

③ 동사 **говори́ть**(말하다)와 같이 현재 인칭변화 어미 **-ю, -ишь, -ит, -им, -ите, -ят**로 변하는 동사 변화를 Ⅱ식 변화라고 부르고, 여기에 속하는 동사를 Ⅱ식 변화 동사라고 한다.

인칭 \ 동사원형	дружи́ть (친하다)	люби́ть (좋아하다)	смотре́ть (보다)
я	дружу́	люблю́	смотрю́
ты	дру́жишь	лю́бишь	смо́тришь
он/она	дру́жит	лю́бит	смо́трит
мы	дру́жим	лю́бим	смо́трим
вы	дру́жите	лю́бите	смо́трите
они	дру́жат	лю́бят	смо́трят

ВЫРАЖЕНИЯ

'러시아어로 읽다, 말하다, 쓰다, 이해하다' 등을 말할 때는 'по-ру́сски(러시아어로)' 부사를 사용한다.

говори́ть чита́ть писа́ть понима́ть	по-ру́сски по-англи́йски по-коре́йски по-францу́зски по-неме́цки по-кита́йски по-япо́нски	러시아어로 영어로 한국어로 프랑스어로 독일어로 중국어로 일본어로	말하다 읽다 쓰다 이해하다

※ '러시아어를 공부한다'를 말할 때는 'ру́сский язы́к(러시아어를)'이라는 대격을 사용한다.

изуча́ть	ру́сский язы́к англи́йский язы́к коре́йский язы́к францу́зский язы́к	러시아어를 영어를 한국어를 프랑스어를	배우다

ЗАДАНИЯ И УПРАЖНЕНИЯ

1. 다음 빈 칸에 〈говори́ть, чита́ть, понима́ть, учи́ть, знать〉 중에서 올바른 단어를 골라 문장을 완성해 보세요.

1) Вы ______________ по-ру́сски?

2) Мой брат ______________ по-япо́нски.

3) Мы хорошо́ ______________ ру́сский язы́к.

4) Ты хорошо́ ______________ по-францу́зски?

5) Я ______________ англи́йский и неме́цкий языки́.

6) Она́ непло́хо ______________ по-кита́йски.

2. 아래 표에 알맞은 단어를 써 넣으세요.

како́й язы́к?	как?	страна́?
коре́йский язы́к		
		Япо́ния
	по-англи́йски	
испа́нский язык		
		Кита́й

3. 아래 사진들을 보고 보기에 있는 질문에 답해 보세요.

〈보기〉
- Кто он (она́, они́)?
- Что он (она́) де́лает?

1)	2)	3)

4)	5)	6)

4. 아래 대화들을 완성해 보세요.

1) - ______________________________?
- Извините, я не говорю по-китайски.

2) - ______________________________?
- Нет, ещё плохо.

3) - ______________________________?
- Я не знаю. Я не говорю по-японски.

5. 아래 질문들에 러시아어로 대답해 보세요.

1) Как вас зовут? Кто вы?
2) Где вы учитесь?
3) Расскажите, какой ваш университет.
4) Какая библиотека, стадион, кафе, парк, учебные корпуса, столовая?
5) Что вы изучаете?
6) Какой иностранный язык вы хорошо знаете?
7) Расскажите о вашей группе.
8) Как зовут ваших друзей?
9) Что они изучают?
10) Какой иностранный язык они хорошо знают?

관용표현

- Ни пу́ха, ни пера́!

- К чёрту!

- 잘하고 와(오세요)!

〈어떤 일을 하기 전에 성공을 기원하며 사용하는 표현이다〉

- 고맙다.

- Са́ша, у меня́ за́втра экза́мен.
- **Ни пуха́, ни пера́!**
- **К чёрту!**

Урок 4

Дру́гу нра́вится чита́ть кни́ги.
친구는 책 읽는 것을 좋아합니다.

여격

Ему́ о́чень нра́вится смотре́ть кино́.	그는 영화 보는 것을 매우 좋아합니다.
Нам нра́вится отдыха́ть вме́сте.	우리는 함께 휴식하는 것을 좋아합니다.
Ско́лько вам лет?	당신은 몇 살입니까?
Моему́ бра́ту 28 лет.	나의 형은 28살입니다.
Мое́й сестре́ 24 го́да.	나의 누나는 24살입니다.
Он помога́ет мне.	그는 나를 도와줍니다.

ПОЧИТАЕМ

Мой друг и я

У меня́ есть хоро́ший друг. Его́ зову́т Ди́ма Светло́в. Он студе́нт. Он ру́сский. Его́ родно́й го́род – Москва́. Он изуча́ет англи́йский язы́к и литерату́ру. Ди́ма о́чень хорошо́ говори́т по-англи́йски и по-неме́цки. Он лю́бит чита́ть кни́ги, слу́шать совреме́нную му́зыку. Моему́ дру́гу то́же о́чень нра́вится смотре́ть кино́. Ди́ма – спортсме́н. Он лю́бит футбо́л и хорошо́ игра́ет. Он всегда́ говори́т: "Спорт – э́то здоро́вье". Мы лю́бим путеше́ствовать. Нам нра́вится отдыха́ть вме́сте: гуля́ть, чита́ть, слу́шать му́зыку. Я иностра́нец. Ру́сский язы́к о́чень тру́дный. Я хорошо́ говорю́ по-англи́йски, но ещё пло́хо зна́ю ру́сский язы́к. Ди́ма всегда́ помога́ет мне. Он мой перево́дчик. Ди́ма – настоя́щий друг.

나의 친구와 나

나에게는 좋은 친구가 있습니다. 그의 이름은 지마 스베뜰로프입니다. 그는 대학생입니다. 그는 러시아인입니다. 그의 고향은 모스크바입니다. 그는 영어와 문학을 공부하고 있습니다. 지마는 영어와 독일어를 매우 잘 말합니다. 그는 책을 읽고 현대 음악 듣는 것을 좋아합니다. 나의 친구는 영화 보는 것 역시 매우 좋아합니다. 지마는 스포츠맨입니다. 그는 축구를 좋아하고 잘합니다. 친구는 항상 '스포츠는 건강이야'라고 말합니다. 우리는 여행 다니는 것을 좋아합니다. 우리는 함께 휴식시간을 보내는 것을 좋아합니다. 즉, 우리는 함께 산책을 하고 책을 읽고 음악 듣는 것을 좋아합니다. 나는 외국인입니다. 러시아어는 매우 어렵습니다. 나는 영어로는 잘 말하지만, 러시아어로는 아직 서툽니다. 지마는 항상 나를 도와줍니다. 그는 나의 통역가입니다. 지마는 진정한 친구입니다.

СЛОВАРЬ

спортсме́н	스포츠맨, 선수
здоро́вье	건강
родно́й го́род	고향
нра́виться (кому? чему?)	마음에 들다, 좋아하다
отдыха́ть	휴식하다, 쉬다
тру́дный	힘든, 어려운
помога́ть	도와주다
перево́дчик	통역가, 번역가
настоя́щий	진정한

ПОГОВОРИМ

1. Как зову́т его́ дру́га?	그의 친구 이름은 무엇입니까?
2. Кто он?	그는 무슨 일을 합니까?
3. Како́й его́ родно́й го́род?	그의 고향은 어디입니까?
4. Что изуча́ет Ди́ма?	지마는 무엇을 공부합니까?
5. Что нра́вится его́ дру́гу?	그의 친구는 무엇을 좋아합니까?
6. Что они́ лю́бят де́лать вме́сте?	그들은 함께 무엇 하는 것을 좋아합니까?
7. Расскажи́те, что вы лю́бите де́лать в свобо́дное вре́мя.	여러분은 여가 시간에 무엇 하는 것을 좋아하는지 말해보세요.
8. Расскажи́те о ва́шем дру́ге.	여러분의 친구에 대해 말해보세요.
9. Ско́лько лет ва́шему дру́гу?	여러분의 친구는 몇 살입니까?
10. Что он лю́бит де́лать?	그는 무엇 하는 것을 좋아합니까?

ДИАЛОГ

아래는 주어진 질문에 대한 인터뷰 내용입니다. 읽어 보세요.

<table>
<tr><td colspan="3">"Что я люблю́..."
У ка́ждого челове́ка есть хо́бби. А что нра́вится вам?
"내가 좋아하는 것은 ..."
각 사람에게는 취미가 있습니다. 당신은 무엇을 좋아하세요?</td></tr>
<tr><td>①</td><td></td><td>"Мне нра́вится футбо́л. Мне нра́вятся мои́ друзья́. Я люблю́ е́здить на мотоци́кле и слу́шать рок. Я о́чень люблю́ свобо́ду". (Па́вел, музыка́нт, 37 лет)
"나는 축구를 좋아합니다. 나는 나의 친구들을 좋아합니다. 나는 오토바이 타고 락음악 듣는 것을 좋아합니다. 나는 자유로움을 무척 좋아합니다." (빠벨, 음악가, 37)</td></tr>
<tr><td>②</td><td></td><td>"Я люблю́ чита́ть францу́зские рома́ны и смотре́ть сериа́лы. Мне нра́вится горя́чий капуччи́но и тёплый хлеб. Я люблю́ помога́ть лю́дям". (Мари́на, диза́йнер, 31 год)
"나는 프랑스 소설을 읽고 시리즈물 보는 것을 좋아합니다. 나는 뜨거운 카푸치노와 따뜻한 빵을 좋아합니다. 나는 사람들 도와주는 것을 좋아합니다."(마리나, 디자이너, 31세)</td></tr>
<tr><td>③</td><td></td><td>"Мне нра́вятся компью́терные и́гры, холо́дная ко́ла и пи́цца. Я о́чень люблю́ То́лкиена". (Артём, ме́неджер, 26 лет)
"나는 컴퓨터 게임, 콜라와 피자를 좋아합니다. 나는 똘끼엔을 무척 좋아합니다." (아르쫌, 매니저, 26세)</td></tr>
<tr><td>④</td><td></td><td>"Мне нра́вится мой ма́ленький ми́шка Ви́нни. Я о́чень люблю́ шокола́дные конфе́ты и я́блочный сок. Осо́бенно мне нра́вится ходи́ть в цирк". (Оле́ся, шко́льница, 8 лет)
"나는 나의 작은 곰인형 빈니를 좋아해요. 나는 초콜렛 사탕과 사과주스를 매우 좋아해요. 특히 나는 서커스에 가는 것을 좋아해요." (올레샤, 초등학생, 8세)</td></tr>
</table>

ГРАММАТИКА

여격

1) '~에게 ~을 한다'의 경우에서 '~에게' 해당하는 간접목적어를 여격(3격)이라 한다. 남성명사와 중성명사의 경우는 어미 -у, 여성명사의 경우는 어미 -е를 갖는다.

		주격(1격) (кто? что?)		여격(3격) (кому? чему?)	
단수	남성	но́вый краси́вый	студе́нт	но́вому краси́вому	студе́нту
	여성	но́вая краси́вая	студе́нтка	но́вой краси́вой	студе́нтке
복수		но́вые краси́вые	студе́нты	но́вым краси́вым	студе́нтам

단수	남성	мой твой наш ваш его́, её, их	оте́ц па́па журна́л лекто́рий	моему́ твоему́ на́шему ва́шему его́, её, их	отцу́ па́пе журна́лу лекто́рию
	여성	моя́ твоя́ на́ша ва́ша его́, её, их	шко́ла мать тетра́дь аудито́рия	мое́й твое́й на́шей ва́шей его́, её, их	шко́ле ма́тери тетра́ди аудито́рии
	중성	но́вое моё твоё на́ше ва́ше его́, её, их	окно́ по́ле зда́ние	но́вому моему́ твоему́ на́шему ва́шему его́, её, их	окну́ по́лю зда́нию
복수		мои́ твои́ на́ши ва́ши его́, её, их	роди́тели пе́сни журна́лы о́кна	мои́м твои́м на́шим ва́шим его́, её, их	роди́телям пе́сням журна́лам о́кнам

2) 연령 표현

나이를 표현 할 때 사람은 여격으로 나타낸다.

Ско́лько	тебе́ лет? вам ей ему́ им бра́ту сестре́	너는 당신은 그녀는 그는 그들은 형은 누나는	몇 살이니? 몇 살 입니까?

Мне 21 год.	나는 21살이다.
Тебе́ 22 го́да.	너는 22살이다.
Ей 23 го́да.	그녀는 23살이다.
Ему́ 24 го́да.	그는 24살이다.
Им 20 лет.	그들은 20살이다.
Бра́ту 25 лет.	형은 25살이다.
Сестре́ 28 лет.	누나는 28살이다.

3) НРАВИТЬСЯ 동사

'~가 마음에 들다, 좋아하다'를 нра́виться 동사를 활용하여 표현할 때, 좋아하는 주체는 여격, 좋아하는 대상은 주격으로 나타낸다. 좋아하는 대상이 단수이면 нра́вится, 복수이면 нра́вятся를 사용한다.

кому́		что	
мне ма́ме па́пе Све́те Мари́не и Серге́ю	нра́вится	э́тот фильм э́та му́зыка э́то ме́сто	이 영화가 마음에 들다 이 음악이 마음에 들다 이 장소가 마음에 들다
мне ма́ме па́пе Све́те Мари́не и Серге́ю	нра́вятся	э́ти фи́льмы э́ти кни́ги э́ти пода́рки	이 영화들이 마음에 들다 이 책들이 마음에 들다 이 선물들이 마음에 들다

※ 비교

Я люблю́ <u>э́тот фильм</u>.(대격)

Мне нра́вится <u>э́тот фильм</u>.(주격)

ЗАДАНИЯ И УПРАЖНЕНИЯ

1. 주어진 문제를 보기와 같이 완성해 보세요.

〈보기〉
(Ната́ша) 15 лет. → Ната́ше 15 лет.

1) Ско́лько (вы) лет?
2) (Ма́ма) 48 лет.
3) (Брат) 18 лет.
4) (Сестра́) 21 год.
5) (Студе́нт) 20 лет.
6) (Они́) 18 лет.
7) (Па́па) 50 лет.
8) (Она́) 26 лет.
9) (Де́душка) 70 лет.
10) (Оле́г) 42 года.
11) (Ты) у́же 20 лет?
12) (Факульте́т) 60 лет.
13) (Больни́ца) 80 лет.
14) (Он) 30 лет.
15) (Мать) 63 го́да.
16) (Оте́ц) 68 лет.

2. 다음 주어진 단어들을 올바른 형태로 고쳐 문장을 완성해 보세요.

1) Ско́лько лет ______________ ?	ваш друг, ма́ленькие де́ти, мо́дное изда́ние, ста́рый банк, ва́ши друзья́, мои́ роди́тели
2) Что нра́вится ______________ ?	твой брат, ва́ша ма́ма, но́вые студе́нты, совреме́нная молоде́жь, краси́вая де́вушка, коре́йское о́бщество
3) Я помога́ю ______________	ста́рые лю́ди, ма́ленький ребёнок, мой де́душка, мла́дшая сестра́, больна́я соба́ка, на́ши сосе́ди

3. 아래 주어진 단어들을 활용해서 문장을 완성해 보세요.

1) Мужчи́нам нра́вится ____________________________ .

2) Же́нщинам нра́вится ____________________________ .

3) Де́тям нра́вится ____________________________ .

СЛОВА ДЛЯ СПРАВОК:
1) шокола́дные конфе́ты, цветы́, францу́зское вино́, игру́шки
2) гото́вить, говори́ть, изуча́ть, спать, петь
3) смотре́ть боеви́к, слу́шать класси́ческую му́зыку, гуля́ть в па́рке, чита́ть любо́вный рома́н, игра́ть в футбо́л

4. 아래 사진 속 사람들이 무엇을 하고 있는지 보기와 같이 말해보세요.

〈보기〉

Что он де́лает?
- Он чита́ет кни́гу.

Что ему́ нра́вится?
- Ему́ нра́вится чита́ть кни́гу.

1) Та́ня	2) Све́та	3) Мари́на и Серге́й

4) Али́са	5) Па́бло и Ри́та	6) Тиму́р

5. 아래 질문들에 러시아어로 대답해 보세요.

1) Како́е у вас хо́бби?
2) Кто ваш люби́мый писа́тель?
   Каку́ю его́ кни́гу вы о́чень лю́бите?
3) Кто ваш люби́мый музыка́нт? Каку́ю его́ пе́сню вы лю́бите?
4) Како́й актёр (актри́са) вам нра́вится?
   Како́й его (её) фильм вы лю́бите?
5) Как зову́т ва́шего люби́мого спортсме́на?
6) Кака́я ва́ша люби́мая футбо́льная (бейсбо́льная, др.) кома́нда?
7) Скажи́те, что нра́вится ва́шей ма́ме и ва́шему отцу́?
8) Что лю́бят ва́ши брат и сестра́?
9) Что нра́вится ва́шей семье́ де́лать вме́сте?
10) Расскажи́те, что нра́вится ва́шему дру́гу.

관용표현

С голово́й уйти́ в рабо́ту (в учёбу, в му́зыку, в теа́тр, др.)

일에 몰두하다
〈흥미를 가지고 무슨 일을 열심히 하는 경우 사용하는 표현이다 〉

- Ка́тя, ты ви́дела Иру?
- Нет, она́ **с голово́й ушла́ в спорт**. Утром пла́вает, днём ката́ется на велосипе́де, а ве́чером хо́дит в фи́тнес-клуб.

Урок 5

Я живу́ в Москве́.
나는 모스크바에 살고 있습니다.

전치격(1)

Я живу́ в Коре́е.	나는 한국에 살고 있습니다.
Он живёт в Росси́и.	그는 러시아에 살고 있습니다.
Она́ у́чится в Моско́вском университе́те.	그녀는 모스크바 대학을 다니고 있습니다
Она́ у́чится на второ́м ку́рсе.	그녀는 2학년에 재학 중입니다.
Он рабо́тает в юриди́ческой фи́рме.	그는 법률회사에서 일합니다.
Мари́на была́ на центра́льной по́чте.	마리나는 중앙 우체국을 다녀왔습니다.

ПОЧИТАЕМ

Москва́

Москва́ – столи́ца Росси́и. Москва́ – большо́й, краси́вый и стари́нный го́род.

В го́роде есть краси́вые у́лицы, широ́кие пло́щади, высо́кие зда́ния, зелёные па́рки.

Тверска́я - гла́вная у́лица в го́роде. Она́ широ́кая и дли́нная. На Тверско́й у́лице есть не то́лько больши́е магази́ны, но и рестора́ны и кафе́.

Кра́сная пло́щадь - о́чень популя́рное ме́сто в го́роде. На Кра́сной пло́щади нахо́дятся Кремль, Истори́ческий музе́й и ГУМ.

В Москве́ есть музе́и и теа́тры. Все зна́ют Большо́й теа́тр. Третьяко́вская галере́я – изве́стный росси́йский музе́й. В Третьяко́вской галере́е нахо́дятся ико́ны и карти́ны.

В Москве́ есть университе́ты, институ́ты, шко́лы. МГУ – ста́рый моско́вский университе́т. В Моско́вском университе́те у́чатся росси́йские и иностра́нные студе́нты.

В го́роде есть совреме́нное метро́, авто́бусы, такси́. Тури́сты о́чень лю́бят Москву́.

Истори́ческий музей

Тверска́я у́лица

Третьяко́вская галере́я

모스크바

모스크바는 러시아의 수도입니다. 모스크바는 크고 아름다우며 매우 오래된 도시입니다.

도시에는 아름다운 거리들, 넓은 광장들, 높은 건물들, 푸른 공원들이 있습니다.

뜨베르스까야 거리는 도시에서 주요 거리입니다. 이 거리는 넓고 깁니다. 뜨베르스까야 거리에는 큰 상점들뿐만 아니라 레스토랑과 카페들도 있습니다.

붉은 광장은 도시에서 매우 인기 있는 장소입니다. 붉은 광장에는 끄레믈궁, 역사박물관과 굼(국영백화점)이 있습니다.

모스크바에는 박물관과 극장들이 있습니다. 모든 사람들이 볼쇼이 극장을 알고 있습니다.

뜨레찌야꼬프 미술관은 유명한 러시아 박물관입니다. 뜨레찌야꼬프 미술관에는 성상화들과 그림들이 있습니다.
모스크바에는 종합대학들, 단과대학들, 학교들이 있습니다. 엠게우는 오래된 모스크바 대학입니다. 모스크바 대학에서는 러시아 대학생과 외국 대학생들이 배우고 있습니다.
도시에는 현대 지하철, 버스들, 택시들이 있습니다. 관광객들은 모스크바를 매우 좋아합니다.

СЛОВАРЬ

столи́ца	수도	Кра́сная пло́щадь	붉은 광장
ста́ринный	오래된	Истори́ческий музе́й	역사 박물관
высо́кий	높은	ГУМ	굼(국영백화점)
зелёный	푸른	Большо́й теа́тр	볼쇼이 극장
дли́нный	긴	Третьяко́вская галере́я	뜨레찌야꼬프 미술관
рестора́н	레스토랑	изве́стный	유명한
кафе́	카페	ико́на	이콘, 성상화
Кремль	끄레믈궁	такси́	택시

ПОГОВОРИМ

1. Расскажи́те, како́й го́род Москва́.	모스크바가 어떤 도시인지 말해보세요.
2. Что есть в го́роде?	도시에는 무엇이 있습니까?
3. Каки́е места́ в Москве́ о́чень популя́рные?	모스크바에서 매우 유명한 장소로 어떤 곳들이 있습니까?
4. Каки́е теа́тры и музе́и вы зна́ете?	여러분은 어떤 극장과 박물관을 알고 있습니까?
5. Что нахо́дится на Кра́сной пло́щади?	붉은 광장에는 무엇이 있습니까?
6. Како́й изве́стный университе́т нахо́дится в Москве́?	모스크바에는 어떤 유명한 대학이 있습니까?
7. Что есть на Тверско́й у́лице?	뜨베르스까야 거리에는 무엇이 있습니까?

8. Что нахо́дится в Третьяко́вской галере́е?	뜨레찌야꼬프 미술관에는 무엇이 있습니까?
9. В како́м го́роде вы живёте? Расскажи́те о ва́шем го́роде.	여러분은 어떤 도시에서 살고 있습니까? 여러분의 도시에 대해 말해보세요.
10. В како́м университе́те вы у́читесь? Како́й университе́т нахо́дится в ва́шем го́роде?	여러분은 어느 대학에서 배우고 있습니까? 여러분의 도시에는 어떤 대학이 위치해 있습니까?

ДИАЛОГ

- Серёжа, где ты у́чишься?
- В Моско́вском университе́те, на лингвисти́ческом факульте́те.
- А ты на како́м ку́рсе?
- На тре́тьем. Ми́ша, а где ты у́чишься?
- Я уже́ ко́нчил университе́т. Я рабо́таю в иностра́нной фи́рме. Я перево́дчик. Серёжа, ты где живёшь?
- Я живу́ в университе́тском общежи́тии.

- 세료자, 너는 어느 학교에 다니니?
- 모스크바 대학교 언어학부에 다니고 있어.
- 너는 몇 학년이니?
- 3학년이야. 미샤, 너는 어느 학교에 다니니?
- 나는 이미 대학을 졸업했어. 나는 외국회사에서 일하고 있어. 나는 통역가야. 세료자, 너는 어디에서 살고 있니?
- 나는 대학교 기숙사에서 살고 있어.

ГРАММАТИКА

1. 전치격(1): 전치사 в/на + 전치격

장소를 묻는 의문사 'где'에 대한 대답으로 '어떠한 존재 · 동작의 장소'를 표현할 때 전치사 'в/на + 명사의 전치격(6격)'을 사용한다. 대부분의 명사의 전치격은 어미 -е를 가지며, '~안(내부)에, ~위(표면)에' 등의 의미를 갖는다.

<table>
<tr><th colspan="4">주격(1격)
(кто? что?)</th><th colspan="2">전치격(6격)
(где?)</th></tr>
<tr><td rowspan="3">단수</td><td>남성</td><td>но́вый
си́ний
большо́й</td><td>университе́т
дом
теа́тр</td><td>но́вом
си́нем
большо́м</td><td>университе́те
до́ме
теа́тре</td></tr>
<tr><td>여성</td><td>но́вая
си́няя
больша́я</td><td>кварти́ра
су́мка
по́чта</td><td>но́вой
си́ней
большо́й</td><td>кварти́ре
су́мке
по́чте</td></tr>
<tr><td>중성</td><td>но́вое
си́нее
большо́е</td><td>зда́ние
не́бо
по́ле</td><td>но́вом
си́нем
большо́м</td><td>зда́нии
не́бе
по́ле</td></tr>
<tr><td colspan="2">복수</td><td>но́вые
си́ние
больши́е</td><td>университе́ты
зда́ния
па́рки</td><td>но́вых
си́них
больши́х</td><td>университе́тах
зда́ниях
па́рках</td></tr>
</table>

<table>
<tr><th colspan="4">주격(1격)
(кто? что?)</th><th colspan="3">전치격(6격)
(где?)</th></tr>
<tr><td rowspan="7">단수</td><td rowspan="2">남성</td><td rowspan="2">мой
твой
наш
ваш
его́, её, их</td><td rowspan="2">Кита́й
лекто́рий
заво́д
факульте́т</td><td rowspan="2">моём
твоём
на́шем
ва́шем
его́, её, их</td><td>в</td><td>Кита́е
лекто́рии</td></tr>
<tr><td>на</td><td>заво́де
факульте́те</td></tr>
<tr><td rowspan="2">여성</td><td rowspan="2">моя́
твоя́
на́ша
ва́ша
его́, её, их</td><td rowspan="2">Коре́я
аудито́рия
Росси́я
по́чта
фа́брика</td><td rowspan="2">мое́й
твое́й
на́шей
ва́шей
его́, её, их</td><td>в</td><td>Коре́е
аудито́рии
Росси́и</td></tr>
<tr><td>на</td><td>по́чте
фа́брике</td></tr>
<tr><td>중성</td><td>моё
твоё
на́ше
ва́ше
его́, её, их</td><td>окно́
по́ле
зда́ние</td><td>моём
твоём
на́шем
ва́шем
его, её, их</td><td>в</td><td>окне́
по́ле
зда́нии</td></tr>
<tr><td colspan="2" rowspan="2">복수</td><td rowspan="2">мои́
твои́
на́ши
ва́ши
его́, её, их</td><td rowspan="2">шко́лы
зда́ния
факульте́ты</td><td rowspan="2">мои́х
твои́х
на́ших
ва́ших
его́, её, их</td><td>в</td><td>шко́лах
зда́ниях</td></tr>
<tr><td>на</td><td>факульте́тах</td></tr>
</table>

2. 전치사 на를 가지는 명사들

일부 명사는 항상 전치사 на와 결합한다.

на у́лице	거리에서	на вокза́ле	역에서
на проспе́кте	대로에서	на факульте́те	학부에서
на эта́же	층에서	на ку́рсе	과정에서
на пло́щади	광장에서	на стадио́не	경기장에서
на заво́де	공장에서	на вы́ставке	전람회에서
на рабо́те	직장에서	на ле́кции	강의에서
на ры́нке	시장에서	на экску́рсии	견학에서
на по́чте	우체국에서	на ста́нции	지하철역에서

ЗАДАНИЯ И УПРАЖНЕНИЯ

1. 다음 주어진 단어들을 활용하여 질문에 답해보세요.

1) Где вы живёте?	Аме́рика, Росси́я, Коре́я, Англия, Кита́й, дере́вня, го́род, Москва́, проспе́кт, кварти́ра, у́лица, дом №15
2) Где он у́чится?	шко́ла, университе́т, институ́т, Сеу́л, Ирку́тск
3) Где вы рабо́таете?	банк, больни́ца, по́чта, вокза́л, фи́рма, заво́д
4) Где он?	Фра́нция, Япо́ния, магази́н, аэропо́рт, лес, теа́тр, дом

2. 다음 주어진 단어들을 올바른 형태로 고쳐 문장을 완성해 보세요.

1) Студе́нты у́чатся __________ .	вое́нная акаде́мия, медици́нский институ́т, госуда́рственные университе́ты, но́вый вуз, тре́тий курс, второ́й курс

2) Они́ рабо́тают __________ .	большо́й банк, строи́тельная компа́ния, Се́верная Аме́рика, городска́я по́чта, лингвисти́ческий университе́т, но́вый ры́нок
3) Он живёт ______________ .	ма́ленькая кварти́ра, ста́рое общежи́тие, Ле́нинский проспе́кт, Кра́сная пло́щадь, ти́хий райо́н

3. 아래 그림을 보고 보기와 같이 대화를 만들어 보세요.

〈보기〉
- Скажи́те, пожа́луйста, где нахо́дится Кремль?
- Кремль нахо́дится в Москве́.

Москва́, Санкт-Петербу́рг, Сеу́л, Рим, Пари́ж, Ирку́тск, Каи́р

1)	2)	3)

Кремль	МГУ	Эрмита́ж
4)	5)	6)

Большо́й теа́тр	о́зеро Байка́л	Пирами́ды

7)	8)	9)

Эйфелева ба́шня	Кёнбоккун	Колизе́й

4. 아래 그림을 보고 여기에 나오는 사람들이 어디에 있는지 러시아어로 말해 보세요.

1)	2)

3)	4)

5)	6)
	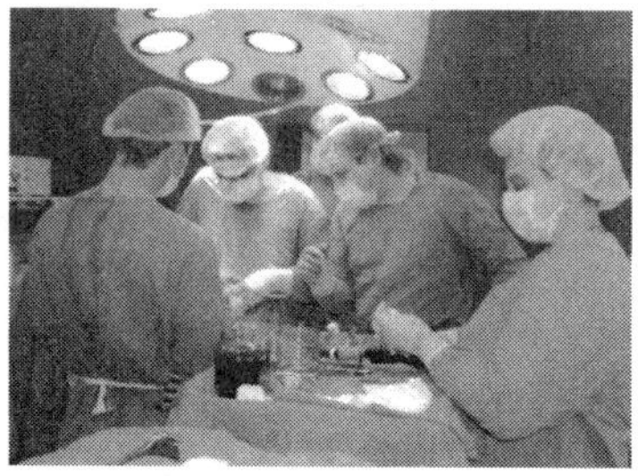

5. 아래 질문들에 러시아어로 답해 보세요.

1) Где вы у́читесь?
2) На како́м вы ку́рсе?
3) Где вы живёте?
4) Где живу́т ва́ши роди́тели?
5) Како́й ваш родно́й го́род?
6) Каки́е достопримеча́тельности там есть?
7) Где рабо́тают ва́ши роди́тели?
8) Где у́чатся или рабо́тают ва́ши бра́тья и сёстры?
9) Расскажи́те, како́й го́род в Коре́е вы лю́бите и почему́.
10) Где вы хоти́те жить?

관용표현

Москва́ слеза́м не ве́рит.

모스크바는 눈물을 믿지 않는다.
〈울지 말고 하던 일을 계속 하라는 의미로 사용되는 표현이다〉

- Ната́ша, не плачь! **Москва́ слеза́м не ве́рит**. Мы найдём реше́ние.
- Спаси́бо, Ни́на. Помоги́ мне, пожа́луйста!

MEMO

Урок 6

Кни́ги лежа́т в шкафу́.

책장에는 책들이 놓여 있습니다.

전치격(2)과 명령법

Мы живём в трёхко́мнатной кварти́ре.	우리는 방 세 개 달린 아파트에 삽니다.
Мы живём на пя́том этаже́.	우리는 5층에 삽니다.
На стене́ виси́т карти́на.	벽에는 그림이 걸려있습니다.
На полу́ лежи́т большо́й ковёр.	마루에는 큰 양탄자가 깔려있습니다.
На потолке́ виси́т краси́вая лю́стра.	천장에는 예쁜 상들리에가 달려있습니다.
В шкафу́ лежа́т на́ши ве́щи.	장에는 우리 물건들이 놓여져 있습니다.

ПОЧИТАЕМ

Мы живём в совреме́нном до́ме на но́вом проспе́кте.

На́ша кварти́ра на деся́том этаже́. У нас 3 ко́мнаты. Здесь живёт на́ша семья́: па́па, ма́ма, мла́дший брат и я. У нас есть ко́шка. Её зову́т Му́рка. Она́ о́чень до́брая. Му́рка всегда́ спит на большо́м дива́не в на́шей гости́ной.

Вот ку́хня. Она́ больша́я и све́тлая. Здесь мы гото́вим. В кухне́ стои́т холоди́льник, микроволно́вая печь, ку́хонные шкафы́, большо́й кру́глый стол и сту́лья.

Вот на́ша све́тлая и просто́рная гости́ная. Здесь стои́т мя́гкий дива́н, журна́льный сто́лик, шкаф и телеви́зор. В гости́ной на́ша семья́ смо́трит телеви́зор, отдыха́ет, чита́ет кни́ги, слу́шает му́зыку.

Вот ва́нная и туале́т.

Это ко́мната, где спят роди́тели. Там о́чень ую́тно и ти́хо.

Вот ко́мната, где спим я и брат. На́ша спа́льня ма́ленькая, но о́чень ую́тная. Здесь стоя́т на́ши крова́ти, шкаф, пи́сьменный стол и сту́лья. На пи́сьменном столе́ стои́т компью́тер. В ко́мнате я учу́сь, де́лаю дома́шнее зада́ние, чита́ю кни́ги, игра́ю в компью́тер.

우리는 새로운 대로에 있는 현대적인 건물에 살고 있습니다.

우리 아파트는 9층에 있습니다. 아파트에는 방이 3개 있습니다. 여기에 우리 가족인 아빠, 엄마, 동생 그리고 제가 살고 있습니다. 우리에게는 고양이가 있습니다. 고양이의 이름은 무르까입니다. 고양이는 매우 순합니다. 무르까는 항상 우리 거실에 있는 큰 소파에서 잠을 잡니다.

여기는 부엌입니다. 부엌은 크고 밝습니다. 여기에서 우리는 식사 준비를 합니다. 부엌에는 냉장고, 전자렌지, 싱크대, 대형 원형 탁자와 의자들이 있습니다.

여기는 우리의 밝고 넓은 거실입니다. 여기에서 부드러운 소파, 작은 테이블, 책장과 텔레비전이 있습니다. 거실에서 우리 가족은 텔레비전을 보고, 휴식을 취하고, 책을 읽고 음악을 듣습니다.

여기는 욕조와 화장실입니다.

이곳은 부모님들이 주무시는 방입니다. 거기는 매우 편안하고 조용합니다.

여기는 저와 동생이 자는 방입니다. 우리 침실은 작지만 매우 쾌적합니다. 여기에 우리의 침대, 책장, 책상과 의자들이 있습니다. 책상위에는 컴퓨터가 있습니다. 방에서 저는 공부를 하고 숙제를 하고 책을 읽고 컴퓨터를 합니다.

СЛОВАРЬ

ку́хонный шкаф	싱크대, 부엌 찬장	проспе́кт	대로
деся́тый	10번째의	кру́глый	원형의
эта́ж	층	мя́гкий	부드러운
ко́шка	고양이	до́брый	좋은, 친절한
журна́льный сто́лик	(커피용)작은 탁자	ва́нная	욕실
дива́н	소파	туале́т	화장실
гости́ная	거실	ую́тно	쾌적한
ку́хня	부엌	ти́хо	조용한
све́тлый	밝은	спа́льня	침실
гото́вить (что?)	준비하다	крова́ть	침대
холоди́льник	냉장고	компью́тер	컴퓨터
микроволно́вая печь	전자렌지	шкаф	책장

ПОГОВОРИМ

1. Где они́ живу́т? Где нахо́дится их кварти́ра?	그들은 어디에서 살고 있습니까? 그들의 아파트는 어디에 위치해 있습니까?
2. Кака́я у них ку́хня?	그들의 부엌은 어떠합니까?
3. Кака́я ме́бель и бытова́я те́хника стоя́т в ку́хне?	부엌에는 어떤 가구와 생활 가전 도구가 있습니까?
4. Кака́я гости́ная? Что сто́ит там?	거실은 어떠합니까? 거기에는 무엇이 있습니까?
5. Что они́ де́лают в гости́ной?	그들은 거실에서 무엇을 합니까?
6. Кака́я ме́бель сто́ит в ко́мнате, где спят он и его́ брат?	그와 그의 동생이 자는 방에는 어떤 가구가 있습니까?
7. Где сто́ит компью́тер?	컴퓨터는 어디에 있습니까?
8. Что они́ де́лают в ко́мнате?	그들은 방에서 무엇을 합니까?
9. Где нахо́дится ваш дом?	여러분의 집은 어디에 위치해 있습니까?
10 Кака́я у вас ко́мната?	여러분의 방은 어떠합니까?

ДИАЛОГ

① - Где ты живёшь?
- В но́вом до́ме на проспе́кте.
- А на како́м этаже́?
- Мы живём на девя́том этаже́.
- В до́ме есть лифт?
- Да, коне́чно.
- Кака́я у вас кварти́ра?
- На́ша квартира больша́я и све́тлая. У нас 3 ко́мнаты: гости́ная, спа́льня и кабине́т.

- 너는 어디에 사니?
- 대로에 있는 새로운 건물에 살아.
- 몇 층이야?
- 우리는 9층에 살아.
- 건물에는 엘리베이트 있니?
- 물론, 있지.
- 너희 아파트는 어떻니?
- 우리 아파트는 크고 밝아. 우리는 방이 3개 있어. 거실, 침실, 서재야.

② - Ната́ша, ты не зна́ешь, где мой слова́рь?
- Вот он. На пи́сьменном столе́.
- А где мои́ ру́чки?
- Они́ в столе́.
- Ната́ша, где моя́ больша́я су́мка?
- Она́ в шкафу́.
- А где биле́т?
- В твое́й су́мке.

- 나따샤, 내 사전이 어디에 있는지 모르니?
- 바로 여기 있잖아. 책상 위에.
- 그럼 내 볼펜들은 어디에 있지?
- 책상 속에 있어.
- 나따샤, 나의 큰 가방은 어디에 있니?
- 서랍장 속에 있어.
- 그럼 표는 어디에 있어?
- 너의 가방 속에 있어.

ГРАММАТИКА

1. 전치격 (2): 어미 -у를 수반하는 전치격

사물이 놓여 있는 상태를 말해주는 대표적인 동사들 **лежа́ть**(놓아두다), **висе́ть**(걸어두다), **стоя́ть**(세워두다)는 뒤에 '전치사 **в/на** + 전치격'을 수반한다.

'전치사 **в/на** + 전치격'은 '~에서'라는 장소를 표현하는데, 전치사 **в**는 '~안에', 전치사 **на**는 '~위에'를 의미한다. 그런데 일부 명사는 전치격 어미로 **-у**를 가진다.

лежа́ть(놓아두다)	где?	в/на столе́, на полу́
висе́ть(걸어두다)		на стене́, на доске́
стоя́ть(세워두다)		в/на столе́, в/на шкафу́

전치격 어미로 **-у**를 가지는 대표적인 명사들은 다음과 같다:

в/на углу́	구석에
в шкафу́	책장 속에
в аэропорту́	공항에
в лесу́	숲에
на мосту́	다리에
на полу́	들판에

2. 동사의 명령형

동사의 명령은 **ты**에 대한 명령형과 **вы**에 대한 명령형으로 구별된다. **вы**에 대한 명령형은 **ты**에 대한 명령형에 **-те**를 첨가하면 된다. 명령형은 현재어간이 어떻게 끝나느냐에 따라 다음과 같이 달라진다.

현재어간형		명령형
1) 모음으로 끝나는 것		어간 + **й(те)**
2) 자음으로 끝나는 것	① 어미에 강세가 있는 경우	어간 + **и(те)**
	② 어간에 강세가 있는 경우	어간 + **ь(те)**

동사의 예)

동사원형	ты	вы	의미
чита́ть	Чита́й!	Чита́йте!	읽어(읽으세요)!
де́лать	Де́лай!	Де́лайте!	해(하세요)!
рабо́тать	Рабо́тай!	Рабо́тайте!	일해(일하세요)!
отдыха́ть	Отдыха́й!	Отдыха́йте!	쉬어(쉬세요)!
дать	Дай!	Да́йте!	줘(주세요)!
сказа́ть	Скажи́!	Скажи́те!	말해(말하세요)!
показа́ть	Покажи́!	Покажи́те!	보여줘(보여주세요)!
смотре́ть	Смотри́!	Смотри́те!	봐(보세요)!
переста́ть	Переста́нь!	Переста́ньте!	그만둬(그만두세요)!

3. 형용사 용법

형용사는 명사 앞에 놓여 명사의 의미를 한정해주는 한정적 기능과 문장에서 술어 역할을 하는 술어 기능을 가지고 있다. 명사를 수식할 때는 명사의 성, 수, 격에 일치해야 한다.

① 한정적 기능

Это но́вый стол. 이것은 새 책상이다.
Это но́вая кни́га. 이것은 새 책이다.
Это но́вое окно́. 이것은 새 창문이다.

② 술어 기능

Этот стол но́вый. 이 책상은 새 것이다.
Эта кни́га но́вая. 이 책은 새 것이다.
Это окно́ но́вое. 이 창문은 새 것이다.

※ 지시 대명사

의미	단수			복수
	남성	여성	중성	
이	э́тот	э́та	э́то	э́ти
저	тот	та	то	те

ЗАДАНИЯ И УПРАЖНЕНИЯ

1. 오른쪽에 주어진 각 보기들을 올바른 형태로 고쳐 문장을 완성해 보세요.

1) Я рабо́таю ________________ .	продукто́вый магази́н городска́я по́чта центра́льный банк
2) Мы у́чимся ________________ .	ча́стная шко́ла лингвисти́ческий факульте́т госуда́рственный университе́т тре́тий курс
3) Они́ живу́т ________________ .	Южная Коре́я се́верный Кита́й центра́льная Росси́я провинциа́льный го́род
4) Мы встре́тимся ________________ .	Ленингра́дский проспе́кт Тверска́я у́лица городско́й мост междунаро́дный аэропо́рт
5) Кни́ги лежа́т ________________ .	кни́жная по́лка высо́кий шкаф пи́сьменный стол деревя́нный пол

2. 그림을 보면서 아래 보기와 같이 대화를 만들어 보세요.

〈보기〉
- Скажи́(те), пожа́луйста, где тетра́дь?
- На столе́.

картúны, часы́, кни́ги, цвето́к, кре́сло, су́мка,
поду́шка, плед, компью́тер, што́ры, дива́н, стол

3. 주어진 문장들을 다음 보기와 같이 바꿔보세요.

〈보기〉
Это аудито́рия. Здесь мы у́чимся.
→ Это аудито́рия, где мы у́чимся.

1) Это стадио́н. Здесь мы бе́гаем.

2) Вот университе́т. Здесь мы у́чимся.

3) Вот дом. Здесь они́ живу́т.

4) Это банк. Здесь она́ рабо́тает.

5) Это парк. Здесь мы отдыха́ем.

6) Это библиоте́ка. Здесь она́ чита́ет кни́ги и журна́лы.

7) Это о́фис. Здесь вы рабо́таете?

8) Это гости́ная. Здесь мы слу́шаем му́зыку.

9) Это кинотеа́тр. Здесь они́ смо́трят кино́.

4. 아래 사진을 보고 어떤 장소인지, 그 속에 무엇이 있는지 참고단어를 활용하여 보기와 같이 러시아어로 말해보세요.

보기
- Что сто́ит в гости́ной?
- В гости́ной сто́ит большо́й стол, ____________________ .

1) ку́хня	2) спа́льня

3) де́тская ко́мната	4) гости́ная

5) кабине́т	6) ва́нная и туале́т
	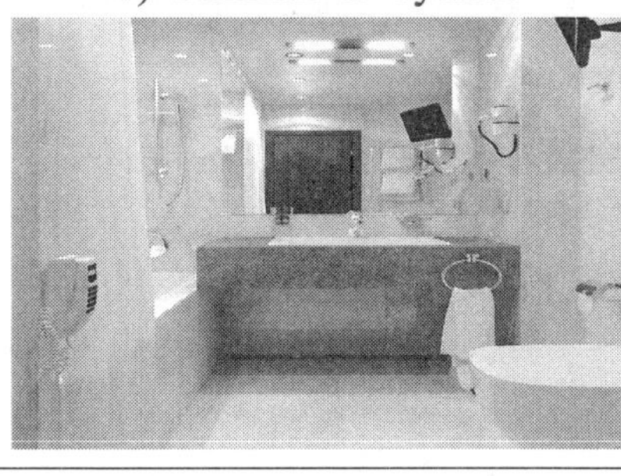

пи́сьменный стол, стул, кни́жный шкаф, дива́н, телеви́зор, холоди́льник, кре́сло, журна́льный стол, га́зовая пли́та, компью́тер, крова́ть, микроволно́вая печь, ку́хонный стол, ра́ковина, зе́ркало, полоте́нце, ку́хонный стол, ковёр, насто́льная ла́мпа, ваза, игру́шки, зубна́я па́ста и щётка

5. 아래 질문들에 러시아어로 대답해 보세요.

1) Где вы живёте?

2) Что есть в ва́шем райо́не?

3) Како́й ваш дом?

4) Кака́я ва́ша кварти́ра?

5) Ско́лько у вас ко́мнат?

6) Что стои́т в гости́ной?

7) Кака́я ме́бель стои́т в спа́льне?

8) Что стои́т в ва́шей ко́мнате?

9) Что стои́т в ку́хне?

10) Что вы де́лаете в ва́шей ко́мнате?

관용표현

Дом - по́лная ча́ша

아무런 부족함이 없다.
〈필요한 모든 것을 갖추어서 매우 편리하고 편안한 집을 표현할 때 사용한다.〉

- Вот и наш дом!
- О! У вас о́чень краси́вый и ую́тный дом. У вас всё есть. Ваш **дом - по́лная ча́ша!**

Урок 7

Я мечта́ю о хоро́шей рабо́те.
나는 좋은 직장을 희망합니다.

전치격(3)

Я мечта́ю о хоро́шей рабо́те.	나는 좋은 직장을 희망합니다.
Я мечта́ю о хоро́шем дру́ге.	나는 좋은 친구를 원합니다.
Он ду́мает о но́вых студе́нтах.	그는 새로운 대학생들에 대해 생각합니다.
Аня ду́мает о свои́х роди́телях.	아냐는 자신의 부모님들에 대해 생각합니다.
Студе́нты говоря́т о Росси́и.	대학생들은 러시아에 대해 말합니다.
Это кни́га о Москве́.	이것은 모스크바에 대한 책입니다.

ПОЧИТАЕМ

Дава́йте познако́мимся! Меня́ зову́т Смирно́в Миха́ил. Я студе́нт. Сейча́с я живу́ в Аме́рике в Нью-Йо́рке и учу́сь в Колумби́йском университе́те. Я изуча́ю эконо́мику, культу́ру и англи́йский язы́к.

Я живу́ хорошо́, но я мечта́ю о до́ме, о ро́дине, о Ро́ссии, где я роди́лся и где живёт моя́ семья́. Я всегда́ ду́маю о мои́х роди́телях, о мое́й ба́бушке и де́душке, о мла́дшем бра́те, о мои́х друзья́х и, коне́чно, о мое́й люби́мой де́вушке.

Я мно́го занима́юсь, чита́ю кни́ги об Аме́рике и Росси́и. Я мечта́ю о рабо́те в большо́й компа́нии.

У меня́ есть америка́нский друг. Его́ зову́т Майкл. Мы всегда́ говори́м о на́ших заня́тиях, об университе́тской жи́зни, о на́шем бу́дущем.

Мой друг мечта́ет о хоро́шей рабо́те в Росси́и и мно́го спра́шивает меня́ о росси́йской культу́ре, эконо́мике, исто́рии. Он уже́ мно́го зна́ет о совреме́нной Росси́и.

인사 나누어요! 내 이름은 스미르노프 미하일이예요. 나는 대학생입니다. 지금 나는 미국 뉴욕에 살고 있으며 콜롬비아 대학을 다니고 있어요. 나는 경제학, 문화와 영어를 배우고 있어요.

나는 잘 지내고 있지만, 내가 태어나고 나의 가족이 살고 있는 집, 고향, 러시아를 그리워합니다. 나는 항상 나의 부모님, 할머니와 할아버지, 남동생과 나의 친구들, 그리고 물론 내가 좋아하는 여자 친구에 대해 생각합니다.

나는 러시아와 미국에 대한 책을 많이 읽고 공부를 많이 합니다. 나는 대기업에서 일하는 것을 희망합니다.

나에게는 미국인 친구가 있어요. 그의 이름은 마이클입니다. 우리는 항상 우리의 수업, 대학생활, 우리의 미래에 대해 이야기합니다. 나의 친구는 러시아에서 좋은 직장을 희망하고 있어 나에게 러시아 문화, 경제, 역사에 대해 묻곤 합니다. 그는 이미 현대 러시아에 대해 많이 알고 있습니다.

СЛОВАРЬ

Колумби́йский университе́т	콜롬비아 대학
эконо́мика	경제학
культу́ра	문화
англи́йский язы́к	영어
мечта́ть(о ком? о чём?)	염원·희망하다, 꿈꾸다
ро́дина	조국
компа́ния	회사
бу́дущее	미래, 장래
спра́шивать(о ком? о чём?)	질문하다
исто́рия	역사
Аме́рика	미국

ПОГОВОРИМ

1. Как зову́т студе́нта?	대학생의 이름은 무엇입니까?
2. Где он у́чится?	그는 어느 학교를 다닙니까?
3. Где он живёт?	그는 어디에서 살고 있습니까?
4. О чём он мечта́ет?	그는 무엇을 희망합니까?
5. О чём он всегда́ ду́мает?	그는 항상 무엇에 대해 생각합니까?
6. О чём он чита́ет?	그는 무엇에 대한 책을 읽습니까?
7. Как зову́т его́ америка́нского дру́га?	그의 미국인 친구 이름은 무엇입니까?
8. О чём он мечта́ет?	미국인 친구는 무엇을 희망합니까?
9. О чём вы мечта́ете?	여러분은 무엇을 희망합니까?
10. О чём вы ча́сто ду́маете?	여러분은 무엇에 대해 자주 생각합니까?

ДИАЛОГ

- Что ты де́лаешь?
- Я чита́ю истори́ческий рома́н.
- О чём э́та кни́га?
- О росси́йской исто́рии, о Петре́ Пе́рвом.
- Что ты ду́маешь о нём?
- Я ду́маю, что он о́чень си́льный челове́к.

- 너는 뭐하고 있니?
- 나는 역사 소설을 읽고 있어.
- 이 책은 무엇에 관한 책이니?
- 러시아 역사와 뾰뜨르 1세에 관한 거야.
- 너는 그에 대해 어떻게 생각하니?
- 나는 그는 매우 강한 사람이라고 생각해.

Пётр Первый

ГРАММАТИКА

1. 전치격 (3): 전치사 о + 전치격

ду́мать, писа́ть, говори́ть, сказа́ть 등의 동사들과 함께 쓰여 '~에 대하여'에 해당하는 의미로 사용되는 전치사 о는 뒤에 전치격을 수반한다. 모음으로 시작하는 명사 앞에서는 보통 об(о)로 쓰인다. 예를 들면, об Оле, об университе́те 등이 있다.

2. 전치사 'о' 와 자주 쓰이는 동사들

говори́ть	말하다	
ду́мать	생각하다	
расска́зывать	이야기하다	
разгова́ривать	대화하다	
мечта́ть	염원하다	о ком?
спра́шивать	질문하다	о чём?
писа́ть	쓰다	
забыва́ть	잊다	
по́мнить	기억하다	

		주격 (что?)			전치격 (о ком? о чём?)	
단수	남성	но́вый хоро́ший мой твой наш ваш его́, её, их	студе́нт университе́т па́па Кита́й лекто́рий	о	но́вом хоро́шем моём твоём на́шем ва́шем его́, её, их	студе́нте университе́те па́пе Кита́е лекто́рии
	여성	но́вая хоро́шая моя́ твоя́ на́ша ва́ша его́, её, их	студе́нтка кварти́ра Коре́я дочь Росси́я	о	но́вой хоро́шей моей твое́й на́шей ва́шей его́, её, их	студе́нтке кварти́ре Коре́е до́чери Росси́и
	중성	но́вое хоро́шее моё твоё на́ше ва́ше его́, её, их	окно́ по́ле зда́ние	о	но́вом хоро́шем моём твоём на́шем ва́шем его́, её, их	окне́ по́ле зда́нии
복수		но́вые хоро́шие мои́ твои́ на́ши ва́ши его́, её, их	роди́тели университе́ты шко́лы зда́ния	о	но́вых хоро́ших мои́х твои́х на́ших ва́ших его́, её, их	роди́телях университе́тах шко́лах зда́ниях

3. 동사 слу́шать - слы́шать

동사 слу́шать는 '(의식을 가지고, 의식적으로) 듣다', 동사 слы́шать '(무의적으로) 듣다'를 의미한다.

слу́шать(кого? что?)	слы́шать (что? о ком? о чём?)
Студе́нты слу́шают преподава́теля. Он слу́шает конце́рт.	Я слы́шу вас хорошо́. Он не слы́шит.
Мы слу́шали му́зыку.	Я слы́шал эти пе́сни. Он слы́шал о Москве́. Она слы́шала о Дени́се.
Слу́шай(те)!	

ЗАДАНИЯ И УПРАЖНЕНИЯ

1. 괄호 속 단어를 올바른 형태로 고쳐 문장을 완성해 보세요.

1) Студе́нты говори́ли ____________ (му́зыка).
2) Мы смотре́ли фильм ____________ (студе́нт).
3) Он расска́зывает ____________ (друзья́).
4) Я чита́ю кни́гу ____________ (любо́вь).
5) Они спра́шивают ____________ (Анто́н).
6) Ната́ша ду́мает ____________ (роди́тели).
7) Тури́сты говоря́т ____________ (Москва́).
8) Я мечта́ю ____________ (о́тдых).
9) Ната́ша всегда́ забыва́ет ____________ (зада́ние).
10) Мать по́мнит ____________ (де́ти).

2. 오른쪽에 주어진 각 표현들을 올바른 형태로 고쳐 문장을 완성해보세요.

1) Я ду́маю ____________ .	моя́ ма́ма ста́ршая сестра́ мла́дший брат на́ши роди́тели
2) Они говоря́т ____________ .	ру́сский язы́к коре́йская культу́ра на́ш университе́т но́вые студе́нты
3) Он пи́шет ____________ .	краси́вое о́зеро ую́тный дом класси́ческая му́зыка пожилы́е лю́ди
4) Мы разгова́риваем ____________ .	наш университе́т на́ши преподава́тели но́вая гру́ппа сло́жное заня́тие

3. 주어진 대화를 완성해 보세요.

1) - _______________ ? - Они́ говори́ли об экску́рсии.	2) - _______________ ? - Этот фильм о дру́жбе.
3) - _______________ ? - Эта кни́га о Росси́и.	4) - _______________ ? - Он ча́сто ду́мает о бра́те.
5) - О чём он спра́шивал? - _______________ ?	6) - О ком вы всегда́ ду́маете? - _______________ ?
7) - О чём вы разгова́ривали? - _______________ ?	8) - О чём мечта́ют де́ти? - _______________ ?

4. 동사 слу́шать-слы́шать 단어를 활용하여 다음 대화를 완성하세요.

1) - Что ты де́лаешь? - Я _______________ му́зыку.	2) - Я говорю́, говорю́. Ты ________, что я говорю́? - Да, я вас внима́тельно ________ .
3) - Я звоню́, звоню́. Почему́ ты не открыва́ешь? - Я не _______________.	4) - Ве́ра, ты зна́ешь Диму? - Нет, я не ________ о нём.
5) - Что вы де́лаете? - Мы ______________ о́перу.	6) - Это мой друг Ивано́в Са́ша. - Очень прия́тно познако́миться. Я мно́го ________ о вас.

5. 아래 질문들에 러시아어로 대답해 보세요.

1) Скажи́те, о чём лю́бят гово́рить же́нщины?
2) О чём лю́бят говори́ть мужчи́ны?
3) О чём мечта́ют же́нщины?

4) О чём мечта́ют мужчи́ны?

5) О чём вы мечта́ете в бу́дущем?

6) Каки́е кни́ги вы лю́бите чита́ть? О чём они́?

7) Каки́е фи́льмы вы лю́бите смотре́ть? О чём они́?

8) О чём вы лю́бите говори́ть?

9) О чём вы не лю́бите говори́ть?

10) О чём вы лю́бите разгова́ривать с друзья́ми?

관용표현

Век живи́ - век учи́сь.

학문은 일생의 일이다
〈살아 있는 동안 계속 배워야 한다는 의미로 사용된다.〉

- Ка́ждый день я узна́ю но́вое и интере́сное.
- Коне́чно, **век живи́ - век учи́сь.**

Урок 8

Я хочу́ купи́ть фру́кты и о́вощи.
나는 과일과 야채를 사고 싶습니다.

수사(1)

Ско́лько сто́ит молоко́?	우유는 얼마입니까?
Ско́лько сто́ят апельси́ны?	오렌지들은 얼마입니까?
Я хочу́ купи́ть торт.	나는 케이크를 사고 싶습니다.
Я хочу́ купи́ть моро́женое.	나는 아이스크림을 사고 싶습니다.
Где мо́жно купи́ть ко́фе?	어디에서 커피를 살 수 있습니까?
Дава́й(те) ку́пим гру́ши!	배를 사자!

ПОЧИТАЕМ

В суперма́ркете

В го́роде откры́лся но́вый суперма́ркет. Он большо́й и совреме́нный. Там есть всё. В отде́ле "Овощи и фру́кты" мо́жно купи́ть све́жие помидо́ры, огурцы́, капу́сту, лук, пе́рец, морко́вь, карто́фель, я́блоки, гру́ши, виногра́д, апельси́ны и друго́е. В отде́ле "Моло́чные проду́кты" всегда́ есть сыр, молоко́, йо́гурт, смета́на, я́йца. В отде́ле "Мя́со" мы покупа́ем ку́рицу, мя́со и ры́бу, колбасу́ и соси́ски. В отде́ле "Напи́тки" мо́жно купи́ть со́ки, кока-ко́лу, вино́, пи́во. В отде́ле "Хлеб" всегда́ есть све́жий бе́лый и чёрный хлеб, бу́лочки и то́рты. В отде́ле "Конди́терские изде́лия" мо́жно купи́ть конфе́ты, пече́нье, шокола́д.

Суперма́ркет рабо́тает ка́ждый день.

수퍼마켓에서

도시에 새로운 수퍼마켓이 개원을 했습니다. 마켓은 크고 현대적입니다. 거기에는 모든 것이 있습니다. 〈야채와 과일〉 코너에서는 신선한 토마토, 오이, 양배추, 양파, 고추, 당근, 감자, 사과, 배, 포도, 오렌지와 그 외 다른 것들을 살 수 있습니다. 〈유제품〉 코너에는 항상 치즈, 우유, 요쿠르트, 스메따나, 계란을 살 수 있습니다. 〈육류〉 코너에서 우리는 닭, 육류와 생선, 깔바사와 소시지를 살 수 있습니다. 〈음료〉 코너에서는 주스, 코카콜라, 포도주, 맥주를 살 수 있습니다. 〈빵〉 코너에서는 항상 신선한 흰 빵과 흑빵, 둥근 빵과 케이크가 있습니다. 〈제과품〉 코너에서는 사탕, 쿠키, 초콜렛을 살 수 있습니다.

슈퍼마켓은 매일 영업을 합니다.

СЛОВАРЬ

откры́ться	열다	смета́на	스메따나
суперма́ркет	수퍼마켓	яйцо́	계란
отде́л	부, 과	мя́со	고기
фру́кты	과일	ку́рица	닭고기
све́жий	신선한	ры́ба	생선
помидо́р	토마토	колбаса́	깔바사
огуре́ц	오이	соси́ски	소시지
капу́ста	양배추	напи́ток, напи́тки	음료
лук	양파	сок	주스
пе́рец	고추	вино́	포도주
морко́вь	당근	пи́во	맥주
карто́фель	감자	бе́лый	하얀
я́блоко	사과	чёрный	검은
гру́ша	배	бу́лочка	흰빵
виногра́д	포도	торт	케이크
апельси́н	오렌지	конди́терские изде́лия	제과품
моло́чные проду́кты	유제품	конфе́та	사탕
сыр	치즈	пече́нье	비스킷
йо́гурт	요쿠르트	шокола́д	초콜렛

ПОГОВОРИМ

1. Како́й суперма́ркет?	수퍼마켓은 어떠합니까?
2. Каки́е отде́лы там есть?	거기에는 어떤 코너들이 있나요?
3. Что мо́жно купи́ть? - в отде́ле "Овощи и фру́кты" - в отде́ле "Моло́чные проду́кты" - в отде́ле "Мя́со"	아래의 코너들에서 무엇을 살 수 있습니까? - 《야채와 과일》 코너 - 《유제품》 코너 - 《고기》 코너

- в отде́ле "Напи́тки" - в отде́ле "Хлеб" - в отде́ле "Конди́терские изде́лия"?	- 《음료》 코너 - 《빵》 코너 - 《과자》 코너
4. Как рабо́тает магази́н?	상점은 어떻게 일을 합니까?
5. Обы́чно что вы покупа́ете в магази́не?	여러분은 보통 상점에서 무엇을 삽니까?

ДИАЛОГ

- Приве́т, Мари́на! У нас сего́дня вечери́нка. Я иду́ в магази́н. Пойдём вме́сте!
- Хорошо́. Оля, что ты хо́чешь купи́ть?
- Я хочу́ купи́ть фру́кты, о́вощи, мя́со и вино́.
- Каки́е фру́кты ты хо́чешь купи́ть?
- Апельси́ны, виногра́д, я́блоки.
- Дава́й ку́пим ещё гру́ши!
- Отли́чно.
- Каки́е о́вощи ты хо́чешь купи́ть?
- Карто́фель, морко́вь, лук, пе́рец, капу́сту.
- Дава́й ку́пим ещё и торт.
- Прекра́сно.

- 안녕, 마리나! 오늘 우리집에 저녁파티가 있어. 나는 상점에 가는 길이야. 함께 가자!
- 좋아. 올랴, 뭘 사려하니?
- 나는 과일, 야채, 고기와 포도주를 사려 해.
- 어떤 과일을 사려하니?
- 오렌지, 포도, 사과.
- 배도 사 가자!!
- 아주 좋았어.
- 야채는 어떤 것을 사려 하니?
- 감자, 당근, 양파, 고추, 양배추야.
- 케이크도 사도록 하자.
- 아주 좋아.

ГРАММАТИКА

1. 개수사

물건의 개수를 셀 때 쓰이는 수사를 개수사, 순서를 나타낼 때 쓰이는 수사를 순서수사(10과 참조)라고 한다. оди́н(1), два(2), три(3) 등과 같이 한 낱말로 쓰는 개수사를 기본 개수사라고 한다. 그리고 два́дцать оди́н(21), три́дцать два(32), со́рок три(43) 등과 같이 2개 이상의 기본개수사로 표시되는 것을 합성개수사라고 한다.

0	ноль	11	оди́ннадцать	30	три́дцать	200	две́сти
1	оди́н	12	двена́дцать	40	со́рок	300	три́ста
2	два	13	трина́дцать	50	пятьдеся́т	400	четы́реста
3	три	14	четы́рнадцать	60	шестьдеся́т	500	пятьсо́т
4	четы́ре	15	пятна́дцать	70	се́мьдесят	600	шестьсо́т
5	пять	16	шестна́дцать	80	во́семьдесят	700	семьсо́т
6	шесть	17	семна́дцать	90	девяно́сто	800	восемьсо́т
7	семь	18	восемна́дцать	100	сто	900	девятьсо́т
8	во́семь	19	девятна́дцать	101	сто оди́н	1000	одна́ ты́сяча
9	де́вять	20	два́дцать	111	сто оди́ннадцать	2000	две ты́сячи
10	де́сять	21	два́дцать оди́н	121	сто два́дцать оди́н	5000	пять ты́сяч

※ 1: оди́н(남), одна́(여), одно́(중), одни́(복)
2: два(남), две(여)

2. 개수사 + 명사의 격

개수사와 결합하는 명사는 앞의 개수사가 어떤 숫자냐에 따라 격이 달라진다.

숫자	명사의 격	예
1	단수 주격	оди́н студе́нт, одна́ студе́нтка
2,3,4	단수 생격	два студе́нта, две студе́нтки
5~20	복수 생격	пять студе́нтов, пять студе́нток

3. 러시아 화폐와 가격

러시아에서 가격에 대해서 말할 때도 앞에서 말한바와 같이 격변화가 요구된다.

- Ско́лько сто́ит хлеб? - 빵은 얼마입니까?
- Хлеб сто́ит оди́н рубль. - 빵은 1루블입니다.

1, 21, 31, 41	рубль, до́ллар	ты́сяча, копе́йка, во́на
2, 3, 4, 22, 33, 44	рубля́, до́ллара	ты́сячи, копе́йки, во́ны
5-20, 30, 40, 50, 60, 70, 80, 90, 100, 200	рубле́й, до́лларов	ты́сяч, копе́ек, вон

копе́йка(꼬베이까)		рубль(루블)	
1 (одну́)	копе́йку	1 (оди́н)	рубль
2 (две) - 4	копе́йки	2 (два) - 4	рубля́
5 - 20	копе́ек	5 - 20 1000(одну́ ты́сячу) 5000(пять ты́сяч)	рубле́й

4. 동사 мочь와 동사 хоте́ть

'할 수 있다' 의미의 동사 мочь는 인칭변화에서 'г - ж -г' 자음교체가 일어난다.

'바라다, 원하다' 의미의 동사 хотеть는 인칭변화에서 'ч - т' 자음교체가 일어난다. 두 동사 모두 명령형은 사용되지 않으며, 뒤에 명사 및 동사원형을 수반한다.

시제	인칭 \ 동사원형	мочь	хоте́ть
현재 시제	я	могу́	хочу́
	ты	мо́жешь	хо́чешь
	он она	мо́жет	хо́чет
	мы	мо́жем	хоти́м
	вы	мо́жете	хоти́те
	они	мо́гут	хотя́т
과거 시제	он, она оно, они	мог, могла́, могло́, могли́	хоте́л, хоте́ла, хоте́ло, хоте́ли

Сего́дня я могу́ помочь тебе́. 오늘 나는 너를 도와줄 수 있어.

Я хочу́ купи́ть пода́рки. 나는 선물을 사고 싶어요.

5. можно

가능의 의미를 나타내는 мо́жно는 '~ 할 수 있다, ~해도 좋다' 뜻으로 동사원형과 자주 함께 쓰인다.

Где мо́жно купи́ть уче́бник? 어디에서 교재를 살 수 있습니까?

Где мо́жно взять кни́гу? 어디에서 책을 가져 올 수 있습니까?

ЗАДАНИЯ И УПРАЖНЕНИЯ

1. 다음을 러시아어로 읽어 보세요.

1)	45 р.	2)	1000 р.	3)	71 р.	4)	58 $
5)	62 р.	6)	15 р.	7)	23 $	8)	456 р.
9)	78 к.	10)	204 $	11)	100 р.	12)	900 р.
13)	80 к.	14)	43 к.	15)	12 р.	16)	359 $

2. 주어진 대화를 완성해 보세요.

1) - Скажи́те, пожа́луйста, где мо́жно купи́ть коре́йско-ру́сский слова́рь?
   - ____ .

2) - Вы не зна́ете, ____________________?
   - В отде́ле "Мясо".

3) - Ты не ска́жешь, где я могу́ купи́ть францу́зское вино́?
   - ____________________ .

4) - Скажи́те, пожа́луйста, ____________________ ?
   - В отде́ле ______________________________________ .

5) - Я хочу́ купи́ть ______ . Ты не зна́ешь, ____________________ ?
   - ____ .

3. 주어진 동사들을 활용하여 문장을 완성해 보세요.

а) <мочь>

1) Мы не ______________________ купи́ть это.

2) Де́ти уже́ ____________________ чита́ть.

3) Вы ____________________ купи́ть эти́ кни́ги?

4) Я не ____________________ води́ть маши́ну.

5) Ты ____________________ сде́лать э́ту рабо́ту?

б) <хоте́ть>

1) Вы ________________ взять э́ти кни́ги?

2) Мари́на ________________ купи́ть су́мку.

3) Роди́тели ________________ купи́ть маши́ну.

4) Ты ________________ купи́ть фотоаппара́т?

5) Я ________________ купи́ть велосипе́д.

4. 보기와 같이 문장을 완성하면서 대화를 만들어 보세요.

〈보기〉
- Где мо́жно купи́ть све́жее молоко́?
- Молоко́ мо́жно ку́пить в отде́ле "Моло́чные проду́кты".

1) я́блочный йо́гурт, нежи́рный сыр, смета́на

2) све́жее мя́со, ку́рица, копчёная ры́ба

3) шокола́дные конфе́ты, торт, пече́нье, шокола́д

4) францу́зское вино́, ру́сская во́дка, сок, напи́тки, неме́цкое пи́во

5) почто́вые ма́рки, поздрави́тельная откры́тка, конве́рт

6) кни́га, слова́рь, истори́ческий рома́н, уче́бники

5. 아래 주어진 문제를 푸세요.

а) 아래에 제시된 사람들이 무엇을 사고 싶어 하는지, 이 물건들이 얼마인지 이야기 해보세요.

1)	2)	3)	4)	5)

46 р.	52 р.	354 р.	745 р.	25 р.
Ири́на	Ма́ша	Во́ва	Ви́ктор	студе́нты

б) 아래 제시된 상황에 맞춰 대화를 만들어 보세요.

1) У вас вечери́нка. Что вы ку́пите?

2) У дру́га или подру́ги день рожде́ния. Что мо́жно купи́ть?

3) Вы е́дете в похо́д. Что вы ку́пите?

관용표현

Копе́йка рубль бережёт

티끌모아 태산
〈큰 것을 위해 작은 돈도 아낀다는 의미로 사용된다〉

- Почему́ ты всегда́ эконо́мишь на ме́лочах?
- **Копе́йка рубль бережёт.** Без ма́лого не бу́дет и большо́го.

Урок 9

В суббо́ту мы бы́ли в па́рке.
토요일에 우리는 공원에 갔었습니다.

동사 과거형, 요일 표현

Како́й сего́дня день неде́ли?	오늘은 무슨 요일입니까?
Сего́дня понеде́льник.	오늘은 월요일입니다.
Кото́рый час?	몇 시입니까?
Сейча́с 3 часа.	지금 3시입니다.
В понеде́льник я был в университе́те.	월요일에 나는 학교에 있었습니다.
Днём Све́та занима́лась в спорти́вном за́ле.	낮에 스배따는 체육관에서 운동을 했습니다.

ПОЧИТАЕМ

Я - Али́са. Я родила́сь в Ита́лии.
Сейча́с я живу́ в Росси́и. Я учу́сь в Лингвисти́ческом университе́те на подготови́тельном факульте́те и изуча́ю ру́сский язык.
Ка́ждый день я веду́ дневни́к.

Понеде́льник
Я уже́ 1 ме́сяц в Росси́и. У меня́ появи́лась но́вая подру́га. Она́ ру́сская. Оля всегда́ мне помога́ет.

Вто́рник
Я и Оля бы́ли в Третьяко́вской галере́е. Я ви́дела ру́сские карти́ны. Пото́м мы у́жинали в кафе́ "Ёлки-Па́лки". Блины́ о́чень вку́сные.

Среда́
Утром была́ на ле́кции. Днём занима́лась в спорти́вном за́ле. Ве́чером смотре́ла росси́йское кино́ в кинотеа́тре.

Суббо́та
Це́лый день шёл дождь. Я сиде́ла до́ма и чита́ла кни́гу о любви́. Пото́м звони́ла ма́ме в Ита́лию и моему́ дру́гу Анто́нио.

Воскресе́нье
Очень интере́сный день. Была́ в Цари́цыно. Это прекра́сный парк. Ве́чером была́ в Большо́м теа́тре.

나는 알리사야. 나는 이탈리아에서 태어났어.
지금 나는 러시아에서 살고 있어. 나는 언어대학 예비학부를 다니고 있고 러시아어를 배우고 있어.
나는 매일 일기를 써.

월요일
나는 벌써 러시아에 1개월째 있다. 나에게는 새로운 여자친구가 생겼다. 그녀는 러시아인이다. 올랴는 항상 나를 도와준다.

화요일
나와 올랴는 뜨레찌야꼬프 미술관에 다녀왔다. 나는 러시아 그림들을 보았다.
그 뒤 우리는 "Ёлки-Палки" 식당에서 저녁을 먹었다. 블린이 매우 맛있었다.

수요일
아침에 강의를 들었다. 낮에는 체육관에서 운동을 했다. 저녁에는 극장에서 러시아 영화를 봤다.

토요일
하루 종일 비가 왔다. 나는 집에 있었고 사랑에 관한 책을 읽었다. 그 뒤 이탈리아에 있는 엄마와 나의 친구 안또니오에게 전화를 했다.

일요일
매우 흥미로운 날이었다. 짜리쯔이노에 갔다 왔다. 이곳은 멋진 공원이었다.
저녁에는 볼쇼이 극장에 다녀왔다.

СЛОВАРЬ

Ита́лия	이탈리아	блин	블린
лингвисти́ческий	언어학의, 언어의	вку́сный	맛있는
подготови́тельный	예비의, 준비의	среда́	수요일
ка́ждый день	매일	ле́кция	강의
дневни́к	일기	спорти́вный зал	체육관
понеде́льник	월요일	кинотеа́тр	영화극장
ме́сяц	달, 월	суббо́та	토요일
появи́ться	생기다, 나타나다	це́лый день	하루 종일
вто́рник	화요일	воскресе́нье	일요일

ПОГОВОРИМ

1. Где у́чится Али́са?	알리사는 어디에서 공부합니까?
2. Где она́ родила́сь?	그녀는 어디에서 태어났습니까?
3. Что она́ де́лала в понеде́льник?	그녀는 월요일날 무엇을 했습니까?
4. Что Али́са де́лала во вто́рник?	알리사는 화요일날 무엇을 했습니까?
5. Где она́ была в сре́ду?	그녀는 수요일날 어디에 있었습니까?
6. Что Али́са де́лала в суббо́ту?	알리사는 토요일날 무엇을 했습니까?

7. Где она́ была́ в воскресе́нье?	그녀는 일요일날 어디에 있었습니까?
8. Где вы у́читесь?	여러분은 어디에서 공부합니까?
9. Что вы де́лали в суббо́ту?	여러분은 토요일날 무엇을 했습니까?
10. Где вы бы́ли в воскресе́нье?	여러분은 일요일날 어디에 있었습니까?

ДИАЛОГ

①
- Ни́на, приве́т! Где ты была́ в воскресе́нье?
- Я была́ в теа́тре.
- Тебе́ понра́вилось?
- Бы́ло о́чень интере́сно.

- 니나, 안녕! 일요일날 너는 어디 갔었니?
- 나는 극장에 갔었어.
- 마음에 들었니?
- 너무 재미있었어.

②
- Скажи́те, пожа́луйста, где вы бы́ли вчера́ ве́чером?
- Мы бы́ли в па́рке.
- Что вы там де́лали?
- Игра́ли в волейбо́л и футбо́л.

- 너희들은 어제 저녁에 어디에 있었니?
- 우리는 공원에 있었어.
- 거기서 무엇을 했니?
- 배구와 축구를 했어.

③
- Ты не зна́ешь, где Макси́м был во вто́рник и в сре́ду? Я его́ не ви́дел в университе́те.
- Он был в друго́м го́роде.
- А что он там де́лал?
- Макси́м был на студе́нческой конфере́нции.

- 너는 화요일과 수요일날 막심이 어디에 있었는지 아니? 나는 학교에서 그를 보지 못했어.
- 막심은 다른 도시에 갔다 왔어.
- 그는 거기서 무엇을 했어?
- 막심은 대학생 학술대회에 다녀왔어.

ГРАММАТИКА

1. 동사 과거시제형

동사의 과거형은 일반적으로 동사원형에서 -ть를 제거하고 어미 -л(남), -ла(여), -ло(중), -ли (복)를 붙여서 만든다.

동사 과거 시제	
чита́-ть →	он чита+л → чита́л она чита+ла → чита́ла оно чита+ло → чита́ло они чита+ли → чита́ли
учи́-ть-ся →	он учи+л-ся → учи́лся она учи+ла-сь → учи́лась оно учи+ло-сь → учи́лось они учи+ли-сь → учи́лись

동사원형 / 인칭	чита́ть (읽다)	говори́ть (말하다)	учи́ться (공부하다)	быть (이다, 있다)
я, ты, он	чита́л	говори́л	учи́лся	был
я, ты, она	чита́ла	говори́ла	учи́лась	была́
оно	чита́ло	говори́ло	учи́лось	бы́ло
мы, вы, они	чита́ли	говори́ли	учи́лись	бы́ли

2. 동사 быть의 용법

동사 быть는 '있다, 이다'의 의미로 다음과 같은 사항들에서 활용된다.

① 과거 시간을 표현할 때

Когда?			
вчера́		сего́дня	
Вчера́ **была́** среда́.	어제는 수요일이었다.	*Сего́дня* четве́рг.	오늘은 목요일이다.
Вчера́ **бы́ло** заня́тие.	어제는 수업이 있었다.	*Сейча́с* заня́тие.	지금은 수업중이다.

② 무인칭문에서 과거 시간을 표현할 때
무인칭문에서 과거 시제를 나타내는 연사로 활용된다. 이 경우에는 항상 중성형이 사용된다.

Вчера́ бы́ло о́чень хо́лодно. 어제는 매우 추웠습니다.
Сего́дня бы́ло тепло́. 오늘은 따뜻했습니다.

③ '있었다(갔다왔다)' 의미로 사용
동사 быть의 과거형은 '어떤 장소에 있었다(갔다왔다)'를 의미하며, 장소는 항상 전치사 'в/на + 전치격'이 쓰인다.
Мы бы́ли в университе́те. 우리는 학교에 있었다.
Вчера́ Анна была́ на конце́рте. 어제 안나는 음악회에 다녀왔다.

3. 시간 표현

시간 표현도 시와 분을 나타내는 숫자에 따라 뒤에 오는 시와 분을 의미하는 단어의 격이 달라진다(8과 참조).

Ско́лько вре́мени? (Сейча́с кото́рый час?) 지금 몇 시 입니까?
2(два) часа́ 25(два́дцать пять) мину́т. 2시 25분입니다.

시		분	
1 (оди́н)	час	1 (одна́)	мину́та
2 (два), 22 3, 23 4, 24	часа́	2 (две), 22 3, 23 4, 24	мину́ты
5~20, 30, 40, 50	часо́в	5~20, 30, 40, 50	мину́т

4. 하루의 때

하루의 시간 때를 나타내는 표현은 у́тро(아침), день(점심), ве́чер(저녁), ночь(밤) 단어의 조격으로 나타낸다.

Когда?		
у́тро	у́тром	아침에
день	днём	낮에
ве́чер	ве́чером	저녁에
ночь	но́чью	밤에

5. 요일 표현

요일을 나타내는 때는 'в + 대격' 표현으로 나타낸다.

- Како́й сего́дня де́нь неде́ли? - Сего́дня понеде́льник.	오늘은 무슨 요일입니까? 오늘은 월요일입니다.
- Когда́ вы чита́ли кни́гу? - В понеде́льник.	당신은 언제 책을 읽었습니까? 월요일에요.

요일		언제	
понеде́льник	월요일	в понеде́льник	월요일에
вто́рник	화요일	во вто́рник	화요일에
среда́	수요일	в сре́ду	수요일에
четве́рг	목요일	в четве́рг	목요일에
пя́тница	금요일	в пя́тницу	금요일에
суббо́та	토요일	в суббо́ту	토요일에
воскресе́нье	일요일	в воскресе́нье	일요일에

ЗАДАНИЯ И УПРАЖНЕНИЯ

1. 보기와 같이 문장을 완성해 보세요.

〈보기〉
Вчера́ Ната́ша ____________ (смотре́ть) кино́.
→ Вчера́ Ната́ша смотре́ла кино́.

1) Ра́ньше она́ _________ (изуча́ть) англи́йский язы́к.

2) Вчера́ Пётр _________ (чита́ть) америка́нский рома́н.

3) Вчера́ мы мно́го ________ (занима́ться).

4) Вче́ра де́ти ________ (игра́ть) здесь.

5) Ра́ньше они́ ________ (учи́ться) всегда́ здесь.

6) Студе́нты мно́го ________ (писа́ть) вчера́ ве́чером.

7) Вчера́ Све́та ________ (смотре́ть) но́вости.

2. 주어진 문장을 완성해 보세요.

1) Вчера́ был вто́рник, а сего́дня ________________.

2) Сего́дня пя́тница, а вчера́ был ________________.

3) Мы всегда́ отдыха́ем в суббо́ту и ______________.

4) Он рабо́тает ка́ждый день: в понеде́льник, ________________, в сре́ду, в четве́рг и ______________.

5) Шко́льники отдыха́ют в ______________.

6) Ба́нки не рабо́тают ______________.

7) Библиоте́ка не рабо́тает ______________.

8) У нас рабо́чие дни - ________________.

9) У нас выходны́е дни - ________________.

3. 아래 주어진 문제를 푸세요.

a) 시계가 몇 시를 가리키고 있는지 말해보세요. 그리고 보기와 같이 대화를 만들어 보세요.

〈보기〉
Извини́те, пожа́луйста, кото́рый час?
Сейча́с ______________________.

1)		2)		3)	
4)		5)		6)	
7)		6)		9)	

б) 아래에 제시된 시간을 러시아어로 말해보세요.

1)	2:30	2)	5:10	3)	1:30	4)	4:00
5)	14:15	6)	24:00	7)	7:45	8)	9:20
9)	22:30	10)	17:40	11)	3:05	12)	6:55

4. 아래 시간표를 보고 학교에서 언제 무엇을 배우는지 말해보세요. 그리고 휴일에는 여러분이 무엇을 하는지 이야기해 보세요.

понеде́льник	вто́рник	среда́
всеми́рная исто́рия ле́ксика ру́сский язы́к	ру́сская грамма́тика англи́йский язы́к эконо́мика	ру́сская литерату́ра росси́йская исто́рия ру́сский язы́к

четве́рг	пя́тница	суббо́та	воскресе́нье
англи́йский язы́к ру́сская грамма́тика эконо́мика	ру́сская ку́льтура фоне́тика англи́йская грамма́тика	фи́тнес дома́шнее зада́ние	путеше́ствие

5. 아래 질문들에 러시아어로 대답해 보세요.

1) Какóй сегóдня день недéли?

2) Какóй день недéли был вчерá?

3) Какóй ваш люби́мый день недéли?

4) Какóй день недéли вы не лю́бите?

5) Когдá вы слýшали мýзыку?

6) Когдá вы читáли кни́гу?

7) Когдá вы смотрéли телеви́зор?

8) Когдá вы занимáетесь спóртом?

9) Когдá вы гуля́ете в пáрке?

10) Когдá вы встречáетесь с друзья́ми?

관용표현

Учéнье свет, а неучéнье тьма

학문은 빛이요 무학은 어둠이다.
(많이 배우고 익히면 힘이 될 수 있지만 무지는 어둠을 가져온다는 의미로 사용된다)

- Почемý нýжно так мнóго учи́ться? **Я** устáл.
- Учи́сь, сынóк! Учи́сь хорошó. В нáше врéмя без образовáния трýдно жить. **Учéнье свет, а неучéнье тьма.**

Урок 10

Мы встаём в 6 часóв.

우리는 6시에 일어납니다.

시간 표현

Мы встаём рáно в 6 часóв.	우리는 일찍 6시에 일어납니다.
Мы зáвтракаем в 8 часóв.	우리는 8시에 아침을 먹습니다.
В 2 часá мы обéдаем.	2시에 우리는 점심을 먹습니다.
Мы ýжинаем в 7 часóв.	우리는 7시에 저녁을 먹습니다.
Вéчером мы обы́чно отдыхáем дóма.	저녁에 우리는 보통 집에서 휴식을 취합니다.
В 11 часóв я ложýсь спать.	11시에 나는 잠자리에 듭니다.

ПОЧИТАЕМ

Я о́чень люблю́ воскресе́нье.

Сего́дня воскресе́нье. Как обы́чно на́ша семья́ до́ма. Ещё раннее у́тро, но мы не спим. Мы встаём ра́но в 6 часо́в. Я слу́шаю му́зыку. Оте́ц чита́ет журна́л, брат смо́трит фильм, а ма́ма гото́вит вку́сный за́втрак. Мы за́втракаем в 8 часо́в. Пото́м одева́емся и гуля́ем. На́ша семья́ лю́бит акти́вный о́тдых. Мы мно́го хо́дим, бе́гаем, игра́ем в мяч. Мы лю́бим футбо́л и баскетбо́л. Мой брат о́чень хорошо́ игра́ет в баскетбо́л. Он спортсме́н. Моя́ ма́ма то́же лю́бит спорт.

В 2 часа́ мы обе́даем. Обы́чно ма́ма лю́бит обе́дать до́ма. Но я, брат и оте́ц лю́бим кафе́, потому́ что бы́стро и вку́сно.

Ве́чером мы обы́чно отдыха́ем до́ма. Мы у́жинаем в 7 часо́в. Оте́ц и ма́ма чита́ют и́ли смо́трят кино́. Брат снача́ла де́лает уро́ки, а пото́м игра́ет в компью́тер. Я изуча́ю англи́йский язы́к. В понеде́льник у меня́ всегда́ англи́йский язы́к. Я учу́ но́вые слова́, чита́ю текст, пишу́ зада́ния. Пото́м я немно́го смотрю́ телеви́зор или интерне́т. В 12 часо́в я ложу́сь спать.

나는 일요일을 매우 좋아합니다.

오늘은 일요일입니다. 여느 때처럼 우리 가족은 집에 있습니다. 아직 이른 아침이지만 우리는 자지 않고 있습니다. 우리는 일찍 6시에 일어납니다. 나는 음악을 듣습니다. 아버지는 잡지를 읽고, 형은 영화를 보고, 엄마는 맛있는 아침식사를 준비합니다. 우리는 8시에 아침을 먹습니다. 그 뒤 옷을 입고 산책을 합니다. 우리 가족은 활동적인 휴식을 좋아합니다. 우리는 많이 걷고, 뛰고 공놀이를 합니다. 우리는 축구와 농구를 좋아합니다. 나의 형은 농구를 아주 잘합니다. 그는 스포츠맨입니다. 나의 엄마도 역시 스포츠를 좋아합니다.

2시에 우리는 점심을 먹습니다. 보통 엄마는 집에서 점심식사 하는 것을 좋아합니다. 하지만 나와 형, 아버지는 빠르고 맛있기 때문에 카페를 좋아합니다.

저녁에 우리는 보통 집에서 휴식을 취합니다. 우리는 7시에 저녁을 먹습니다. 아버지와 엄마는 책을 읽거나 영화를 봅니다. 형은 처음에 숙제를 하고, 그 뒤 컴퓨터 게임을 합니다. 나는 영어를 공부합니다. 월요일에 항상 영어 수업이 있습니다. 나는 새로운 단어들을 외우고 본문을 읽고 과제들을 씁니다. 그 뒤 나는 텔레비전을 조금 보거나 인터넷을 합니다. 12시에 나는 잠자리에 듭니다.

СЛОВАРЬ

встать	기상하다, 일어나다	кафе́	카페
за́втрак	아침식사	обе́дать	점심을 먹다
за́втракать	아침식사를 하다	у́жинать	저녁을 먹다
одева́ться	(의복을) 입다	ложи́ться спать	잠자리에 들다
акти́вный	적극적인, 활동적인	вку́сный	맛있는
о́тдых	휴식	фильм	영화
компью́тер	컴퓨터	мяч	공
баскетбо́л	농구	бы́стро	빠르게

ПОГОВОРИМ

1. Когда́ встаёт его́ семья́?	그의 가족은 언제 일어납니까?
2. Что он де́лает в воскресе́нье у́тром?	그는 일요일 아침에 무엇을 합니까?
3. Когда́ они́ за́втракают?	그들은 언제 아침을 먹습니까?
4. Что лю́бит де́лать в воскресе́нье его́ семья́?	그의 가족은 일요일날 무엇 하는 것을 좋아합니까?
5. Когда́ они́ обе́дают?	그들은 언제 점심을 먹습니까?
6. Что он и брат де́лают ве́чером?	그와 형은 저녁에 무엇을 합니까?
7. Что де́лают ве́чером его́ оте́ц и ма́ма?	그의 아버지와 엄마는 저녁에 무엇을 합니까?
8. Когда́ он ложи́тся спать?	그는 언제 잠자리에 듭니까?
9. Что вы де́лаете в воскресе́нье?	일요일날 여러분은 무엇을 합니까?
10. Обы́чно когда́ вы встаёте и ложи́тесь спать?	보통 여러분은 언제 일어나고 언제 잠자리에 듭니까?

ДИАЛОГ

- Алло́!
- Приве́т, Ира! Как дела́?
- Приве́т, Са́ша! Спаси́бо, хорошо́. А у тебя́?
- Всё прекра́сно. Ира, у тебя́ есть свобо́дное вре́мя?
- Поду́маю. Днём у меня́ заня́тия в университе́те. Начина́ются в 12 часо́в и конча́ются в 5 часо́в. Почему́ ты спра́шиваешь?
- У меня́ есть хоро́шие биле́ты. В кинотеа́тре сего́дня интере́сный фильм. Дава́й встре́тимся сего́дня ве́чером.
- Хорошо́. А где?
- В университе́тском па́рке в 5:30.
- Я согла́сна. Пока́!
- Пока́!

- 여보세요!
- 안녕, 이라! 어떻게 지내?
- 안녕 사샤! 고마워, 잘 지내고 있어. 너는 어때?
- 잘 지내고 있어. 이라, 너 시간이 있니?
- 잠시만. 낮에는 학교에 수업이 있어. 12시에 수업이 시작해서 5시에 마쳐. 너는 왜 묻니?
- 나에게 좋은 표가 있어서. 오늘 극장에서 재미있는 영화가 상영되거든. 오늘 저녁에 만나자.
- 좋았어. 그럼 어디에서?
- 대학공원에서 5시 30분에.
- 그렇게 하자. 안녕!
- 안녕!

ГРАММАТИКА

1. 시간 표현

'~때(시, 분)에 ~한다'를 의미하는 시간 표현을 쓸 때는 '**в** + 대격'으로 나타낸다.

- Когда́ у вас заня́тие? 수업이 언제 있습니까?
- В 2(два) часа́ 25(два́дцать пять) мину́т. 2시 25분에 있습니다.

시		분	
в 1	час (в час)	в 1(одну́)	мину́ту
в 2, 3, 4	часа́	в 2, 3, 4	мину́ты
в 5-20	часо́в	в 5-20	мину́т

2. 동사 начина́ть - конча́ть, начина́ться - конча́ться

동사 начина́ть(시작하다) - конча́ть(끝내다)는 인칭에 따라 변화하는 능동문 동사이다. начина́ться(시작되다) - конча́ться(끝나다)는 무인칭문에 사용되는 수동형태이다.

	начина́ть	конча́ть	начина́ться	конча́ться
я	начина́ю	конча́ю		
ты	начина́ешь	конча́ешь		
он, она, оно	начина́ет	конча́ет	начина́ется	конча́ется
мы	начина́ем	конча́ем		
вы	начина́ете	конча́ете		
они	начина́ют	конча́ют	начина́ются	конча́ются

1) Я начина́ю рабо́тать в 10 часо́в. Рабо́та начина́ется в 10 часо́в.	나는 10시에 일을 시작한다. 일은 10시에 시작된다.
2) Мы конча́ем рабо́тать в 19 часо́в. Рабо́та конча́ется в 19 часо́в.	우리는 19시에 일을 마친다. 일은 19시에 마친다.
3) Профе́ссор начина́ет ле́кцию в 2 часа́. Ле́кция начина́ется в 2 часа́.	교수님은 2시에 강의를 시작하신다. 강의는 2시에 시작된다.

※ 주의

Метро́	начина́ет	рабо́тать.	지하철이 작동하기 시작한다.
Магази́н	конча́ет		상점은 영업하는 것을 마친다.

ЗАДАНИЯ И УПРАЖНЕНИЯ

1. 동사 〈начина́ть-начина́ться, конча́ть-конча́ться〉를 활용하여 문장을 완성해 보세요.

1) Заня́тие __________ в 10 часо́в, а __________ в 11 часо́в.

2) Профе́ссор __________ ле́кцию ро́вно в 3 часа́.

3) Библиоте́ка __________ рабо́тать в 10 часо́в, а __________ в 20 часо́в.

4) Учи́тель __________ уро́к как обы́чно.

5) Мы __________ де́лать уро́ки в 5 часо́в, а __________ в 8 часо́в.

6) Его́ оте́ц __________ рабо́тать по́здно ве́чером.

7) Я __________ изуча́ть ру́сский язы́к ра́но у́тром.

2. 괄호 속 시간을 활용하여 주어진 질문에 답해보세요.

1) Когда́ начина́ется литерату́ра? (2:30)

2) Когда́ конча́ется ле́кция? (12:00)

3) Когда́ открыва́ется магази́н? (9:00)

4) Когда́ закрыва́ется библиоте́ка? (19:00)

5) Когда́ начина́ется фильм? (15:30)

6) Когда́ ты начина́ешь учи́ться? (8:35)

7) Когда́ вы конча́ете учи́ться? (18:10)

8) Когда́ конча́ется програ́мма? (11:45)

3. 아래에 주어진 표현들을 활용하여 다음 질문에 답해보세요.

〈보기〉
- Что вы де́лаете у́тром (днём, ве́чером, но́чью)?

чита́ть кни́гу	слуша́ть му́зыку
смотре́ть фильм	де́лать уро́ки
ложи́ться спать	чи́стить зу́бы
принима́ть душ или ва́нну	занима́ться спо́ртом
игра́ть на компью́тере	гото́вить за́втрак, обе́д, у́жин
гуля́ть	обе́дать
за́втракать	у́жинать
умыва́ться	де́лать у́треннюю заря́дку

4. 다음 빈 칸에 알맞은 표현을 찾아 완성해 보세요.

Вчера́ бы́ло воскресе́нье. На́ша семья́ была́ до́ма. Бы́ло у́тро, мы не ____________. Мы ____________ ра́но в 6 часо́в. Я ________ му́зыку. Оте́ц ____________ журна́л, брат ____________ фильм, а ма́ма ____________ вку́сный за́втрак. Мы ____________ в 8 часо́в. Пото́м ____________ и ____________. В 2 часа́ мы ____________. Мы ____________ в 7 часо́в. Оте́ц и ма́ма ____________ или ________ кино́. Брат снача́ла ____________ уро́ки, а пото́м ____________ в компью́тер. Я ____________ англи́йский язы́к. В понеде́льник у меня́ всегда́ англи́йский язы́к. Я ____________ но́вые слова́, ____________ текст, ____________ зада́ния. Пото́м я немно́го ____________ телеви́зор или интерне́т. В 12 часо́в я ____________ спать.

5. 아래 질문들에 러시아어로 대답해 보세요.

1) Когда́ вы встаёте в выходно́й день?

2) Что вы де́лаете у́тром?

3) Когда́ вы за́втракаете?

4) Что вы де́лаете днём?

5) Когда́ вы обе́даете?

6) Когда́ вы занима́етесь в университе́те?

7) Когда́ начина́ется ва́ше пе́рвое заня́тие?

8) Когда́ конча́ется ваш уче́бный день?

9) Что вы де́лаете по́сле заня́тия?

10) Что вы лю́бите де́лать в суббо́ту и воскресе́нье?

관용표현

Понеде́льник - день тяжёлый!

월요일은 힘든 날이야!

〈월요일은 한 주를 시작하는 날이라 힘든 날이라고 생각하는 데서 사용하는 표현이다. 러시아인들의 미신 중에 중요한 일은 월요일에 시작하지 말라는 말이 있다.〉

- Когда́ ты начнёшь э́то де́лать? В понеде́льник?
- Нет, **понеде́льник - день тяжёлый.** Наве́рное, во вто́рник.

Урок 11

У него́ высо́кая температу́ра.
그는 열이 많이 납니다.

생격, 소유 표현

Как вы себя́ чу́вствуете?	당신은 몸(기분)이 어떻습니까?
У мла́дшей сестры́ боли́т голова́.	여동생은 머리가 아픕니다.
У ста́ршего бра́та боли́т живо́т.	형은 배가 아픕니다.
У ма́леньких дете́й боля́т зу́бы.	어린 아이들은 이가 아픕니다.
Он до́лжен лежа́ть в крова́ти.	그는 침대에 누워있어야만 합니다.
Анто́ну мо́жно пить во́ду, ему́ нельзя́ есть.	안톤은 물은 마셔도 되지만, 먹는 것은 안 됩니다.

ПОЧИТАЕМ

Как я болéл...

В воскресéнье мы с дрýгом бы́ли в пáрке. Былá хорóшая погóда. На ýлице бы́ло жáрко. Мы постоя́нно хотéли пить. Я вы́пил почти́ 4 буты́лки воды́. Онá былá óчень холóдная. Потóм мы éли морóженое. Как хорошó есть морóженое, когдá на ýлице жарá! Я съел 5 и́ли 6 штук. Потóм мы снóва покупáли холóдные напи́тки. В пáрке мы катáлись на велосипéде. Вéсело игрáли в футбóл. Домóй я пришёл пóздно. Я си́льно устáл и лёг спать.

А сегóдня я не могý говори́ть. У меня́ нет высóкой температýры и си́льного кáшля. Но óчень боли́т гóрло. Я не могý есть и пить. Мáма сказáла, что у меня́ анги́на. Я дóлжен пойдти́ к врачý.

В больни́це врач осмотрéл меня́ и сказáл, что у меня́ анги́на. Мне нýжно пить лекáрство и лежáть в кровáти. Мне нельзя́ игрáть в футбóл, нельзя́ пить холóдные напи́тки и, конéчно, есть морóженое.

В аптéке я купи́л лекáрство и пошёл домóй. Сегóдня хорóшая погóда. На ýлице жáрко. Я так хочý купи́ть морóженое. Я встрéтил стáрого дрýга. Он игрáет в футбóл. Я тóже хочý игрáть с ним. Сегóдня действи́тельно óчень трýдный день.

내가 어떻게 아팠는지...

일요일에 나와 친구는 공원에 다녀왔습니다. 좋은 날씨였습니다. 거리는 더웠습니다. 우리는 계속 마시고 싶었습니다. 나는 거의 물 4병을 마셨습니다. 물은 매우 차가웠습니다. 그 뒤 우리는 아이스크림을 먹었습니다. 거리에서 더울 때 아이스크림을 먹으면 얼마나 좋은지! 나는 대여섯 개를 먹었습니다. 그 뒤 우리는 다시 차가운 음료를 샀습니다. 공원에서 우리는 자전거를 탔습니다. 즐겁게 축구를 했습니다. 나는 늦게서야 집으로 돌아왔습니다. 나는 매우 피곤했고 잠자리에 들었습니다.

그런데 오늘 나는 말을 할 수가 없습니다. 나는 고열과 심한 기침은 없습니다. 하지만 목이 매우 아픕니다. 나는 먹지도 마시지도 못합니다. 엄마는 내가 후두염에 걸렸다고 말씀하셨습니다. 의사한테 가야만 했습니다.

병원에서 의사는 나를 진찰해보고는 정말로 내가 후두염에 걸렸다고 말했습니다. 나는 약을 먹고 침대에 누워있어야 했습니다. 나는 축구를 하거나, 차가운 음료를 마시거나, 물론 아이스크림을 먹어서도 안 됩니다.

나는 약국에서 약을 사서 집으로 갔습니다. 오늘은 좋은 날씨입니다. 거리는 덥습니다. 나는 아이스크림을 무척이나 사고 싶습니다. 나는 오랜 친구를 만났습니다. 친구는 축구를 합니다. 나도 역시 그와 축구를 하고 싶습니다. 오늘은 정말 매우 힘든 하루입니다.

СЛОВАРЬ

заболе́ть	아프기 시작하다	ката́ться на велосипе́де	자전거를 타다
жа́рко	더운	уста́ть	피로하다
постоя́нно	끊임없이, 항상	температу́ра	기온, 온도
вы́пить(что?)	다마시다	го́рло	목, 인후
буты́лка	유리병	анги́на	후두염
холо́дный	차가운	больни́ца	병원
жара́	더위, 무더위	осмотре́ть(кого? что?)	검사하다, 진찰하다
съесть(что?)	다먹다	действи́тельно	실제로, 진실로, 정말
шту́ка	한 개, 하나	лека́рство	약
игра́ть в футбо́л	축구를 하다	апте́ка	약국

ПОГОВОРИМ

1. Что у него́ боли́т?	그는 어디가 아픕니까?
2. Расскажи́те, почему́ он заболе́л.	그가 왜 아프기 시작했는지 말해보세요.
3. Что сказа́л врач?	의사는 무엇이라고 말했습니까?
4. Что ему́ мо́жно де́лать?	그는 무엇을 할 수 있습니까?
5. Что ему́ нельзя́ де́лать?	그는 무엇을 하면 안됩니까?
6. Что он о́чень хоте́л де́лать в э́тот день?	이 날 그는 무엇을 매우 하고 싶어했습니까?
7. Почему́ э́тот день тру́дный?	왜 이 날이 힘듭니까?
8. Расскажи́те о том, как вы боле́ли.	여러분은 어떻게 아팠는지 이야기해보세요.
9. Что вам бы́ло мо́жно де́лать?	여러분은 무엇을 하는 것이 가능했습니까?
10. Что вам бы́ло нельзя́ де́лать?	여러분은 무엇을 하는 것이 불가능했습니까?

ДИАЛОГ

- Дóктор, мóжно?
- Войди́те! Здрáвствуйте! Как вы себя́ чу́вствуете?
- Плóхо. У меня́ боли́т головá, гóрло. Кáшель, нáсморк.
- У вас есть температу́ра?
- Да. 38,2 (три́дцать вóсемь и два).
- Когдá вы почу́вствовали себя́ плóхо?
- Вчерá ве́чером.
- Так, у вас грипп. Я вы́пишу вам лекáрство. Вот реце́пт.
- Спаси́бо.
- Вам нельзя́ пить холóдные напи́тки, нельзя́ есть морóженое, нельзя́ гуля́ть. Вы должны́ лежáть в кровáти и тóчно принимáть лекáрство.
- А где я могу́ купи́ть лекáрства?
- В апте́ке на пе́рвом этаже́.
- Спаси́бо. До свидáния!

- 의사 선생님, 들어가도 될까요?
- 들어오세요! 안녕하세요! 몸이 좀 어떠세요?
- 안좋습니다. 저는 머리, 목이 아프고, 기침과 콧물이 납니다.
- 열은 있습니까?
- 네. 38.2도 입니다.
- 당신은 언제 몸이 안 좋아지셨습니까?
- 어제 저녁입니다.
- 그렇다면, 당신은 독감입니다. 제가 약을 드리겠습니다. 여기 처방전입니다.
- 감사합니다.
- 당신은 차가운 물을 마시면 안 되고, 아이스크림을 먹어도 안 되고, 산책을 해서도 안 됩니다. 당신은 누워있어야만 하며 약을 확실히 드셔야 합니다.
- 제가 어디에서 약을 살 수 있습니까?
- 1층 약국에서 살 수 있습니다.
- 감사합니다. 안녕히 계세요!

ГРАММАТИКА

1. 생격

생격은 주로 어떤 대상의 소유나 소속, 유래, 기원, 부분 등을 나타낼 때 사용된다. 대부분 남성명사와 중성명사는 어미 **-а**, **-я**를 가지며, 여성명사는 어미 **-ы**, **-и**를 가진다.

		주격(1격) (кто? что?)		생격(2격) ((у) кого? (у) чего?)	
단수	남성	но́вый хоро́ший	студе́нт	но́вого хоро́шего	студе́нта
	여성	но́вая хоро́шая	студе́нтка	но́вой хоро́шей	студе́нтки
복수		но́вые хоро́шие	студе́нты	но́вых хоро́ших	студе́нтов

단수	남성	мой твой наш ваш его́, её, их	Оле́г па́па журна́л слова́рь	моего́ твоего́ на́шего ва́шего его́, её, их	Оле́га па́пы журна́ла словаря́
	여성	моя́ твоя́ на́ша ва́ша его́, её, их	Све́та дочь му́зыка тетра́дь	мое́й твое́й на́шей ва́шей его́, её, их	Све́ты до́чери му́зыки тетра́ди
	중성	моё твоё на́ше ва́ше его́, её, их	окно́ по́ле	моего́ твоего́ на́шего ва́шего его́, её, их	окна́ по́ля
복수		мои́ твои́ на́ши ва́ши его́, её, их	студе́нты студе́нтки пе́сни о́кна	мои́х твои́х на́ших ва́ших его́, её, их	студе́нтов студе́нток пе́сен о́кон

2. 소유구문(У меня́ есть + 주격)과 부정생격(У меня́ нет + 생격)

소유를 나타내는 구문 '나에게는 ~이 있다'를 표현할 때 러시아어로 'У меня есть + 주격'을 사용한다. 문장에서 존재하는 대상은 주격으로 쓰인다. 이 표현의 반대 의미로 '나에게는 ~이 없다'를 표현할 때는 'У меня нет + 생격'을 사용한다. 문장에서 존재하지 않는 대상은 생격으로 쓰인다. 어떤 대상이 존재하는 것을 부정하는 문장에서 쓰이는 생격을 부정 생격이라 한다.

у кого́?		кто? что?	
У меня́	есть	дом.	나에게는 집이 있다.
У больно́го	был(-а, -о, -и)	температу́ра.	환자에게는 열이 있다.
У Анто́на	бу́дет	подру́га.	안똔에게는 여자친구가 있다.
У Та́ни	бу́дут	друзья́.	따냐에게 친구들이 있다.
У студе́нтов		вре́мя.	학생들에게는 시간이 있다.

у кого́?		кого? чего?	
У меня́	нет	до́ма.	나에게는 집이 없다.
У больно́го	не бы́ло	температу́ры.	환자에게는 열이 없다.
У Анто́на	не бу́дет	подру́ги.	안똔에게는 여자친구가 없다.
У Та́ни		друзе́й.	또냐에게 친구들이 없다.
У студе́нтов		вре́мени.	학생들에게는 시간이 없다.

3. 〈Я боле́ю〉 – 〈У меня́ боли́т голова́〉 구문

'나는 ~가 아프다'라는 말을 할 때 전치사 'У + кого́(생격) боли́т' 표현을 활용하기도 한다.

У меня́ боли́т голова́.	나는 머리가 아프다.
боли́т живо́т.	배가 아프다
боля́т зу́бы.	이빨이 아프다
Я боле́ю.	나는 아픕니다.
Ната́ша боле́ет.	나타샤는 아픕니다.
Мы боле́ем.	우리는 아픕니다.

4. до́лжен

до́лжен은 '~하지 않으면 안 된다', '~해야 한다'의 의미를 가지고 있으며, 성과 수에 따라 변화한다. 뒤에 동사원형이 함께 사용되는 경우가 많다.

남성	Он	до́лжен	лежа́ть.
여성	Она	должна́	мно́го спать.
중성	Оно	должно́	пить лека́рство.
복수	Они	должны́	пойти́ домо́й.

5. мо́жно, ну́жно, нельзя́

① 가능, 허용, 의무, 필요, 금지 등의 의미를 나타내는 표현으로 мо́жно '~할 수 있다, ~해도 좋다', ну́жно '~할 필요가 있다, ~하지 않으면 안 된다', нельзя́ '~할 수가 없다, ~해서는 안 된다'가 있으며, 일반적으로 동사원형과 함께 사용된다.

Мо́жно войти́? 들어가도 됩니까?
Нельзя́ кури́ть здесь. 여기서 담배피우면 안됩니다.
Ну́жно идти́ домо́й. 집으로 가지 않으면 안 된다.

② 주어가 쓰이지 않은 경우를 무인칭문이라고 한다. 이런 무인칭문에서 의미상의 주어는 여격(3격) 형태로 나타난다. можно, нужно, нельзя 구문도 무인칭으로 나타난다.

кому́?		что делать?
Мне	мо́жно ну́жно нельзя́	сиде́ть
Им		смотре́ть
Оле́гу		кури́ть
Ма́ше		лежа́ть

ВЫРАЖЕНИЯ

У меня́ У тебя́ У него́ У неё У нас У вас У них	боли́т голова́. боля́т глаза́.	나는 너는 그는 그녀는 우리는 당신은, 너희들은 그들은	머리가 아프다. 눈이 아프다.

ЗАДАНИЯ И УПРАЖНЕНИЯ

1. 보기와 같이 문장을 만들어 보세요.

〈보기〉
У __________ (Ни́на) боли́т голова́.
→ У Ни́ны боли́т голова́.

а)

1) У ________________ (ста́ршая сестра́) боли́т голова́.

2) У ________________ (пожилы́е лю́ди) боля́т но́ги.

3) У ________________ (на́ша ба́бушка) боли́т рука́.

4) У ________________ (мой де́душка) боля́т зу́бы.

5) У __________________ (ма́ленькие де́ти) ча́сто боля́т у́ши.

б)

1) У Рома́на нет __________________ (свобо́дное вре́мя).

2) У Же́ни не бы́ло __________________ (си́льный на́сморк).

3) У Све́ты не бу́дет _____________________ (серьёзная пробле́ма).

4) У него́ нет ______________________ (высо́кая температу́ра).

5) У нас нет ____________________ (после́дняя ле́кция).

2. 보기와 같이 그림을 보고 대화를 만들어 보세요.

〈보기〉
- Что у него́ (у неё) боли́т?
- У него́ (у неё) боли́т ____________.

1)	2)	3)	4)
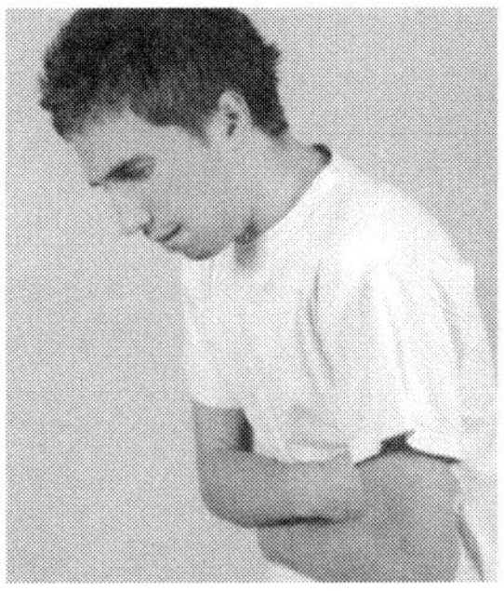		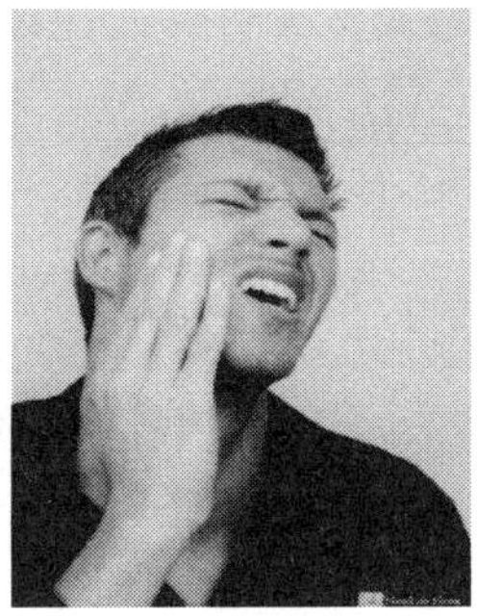	
Ми́ша	Ольга	Артём	Гали́на

3. 다음 주어진 문제들을 푸세요.

а) 보기와 같이 문장을 바꿔보세요.

> 〈보기〉
> Ни́на должна́ лежа́ть.
> → Ей ну́жно лежа́ть. Ни́не мо́жно лежа́ть.

1) Бори́с до́лжен пить лека́рство.

→ ________________________________

2) Ви́ка должна́ мно́го спать.

→ ________________________________

3) Ка́тя должна́ мно́го ходи́ть пешко́м.

→ ________________________________

4) Оле́г до́лжен мно́го пить воды́.

→ ________________________________

5) Ди́ма до́лжен пойти́ к вра́чу.

→ ________________________________

б) 보기와 같이 문장을 완성해 보세요.

〈보기〉
У Ди́мы боля́т но́ги. (игра́ть в футбо́л)
→ Ди́ме нельзя́ игра́ть в футбо́л.

1) У Ани боли́т рука́. (писа́ть)

2) У Серёжи боли́т зуб. (есть конфе́ты)

3) У Наде́жды болят у́ши. (слу́шать му́зыку)

4) У Ви́ктора боли́т го́рло. (кури́ть)

5) У Петра́ боли́т живо́т. (пить пи́во)

4. 제시된 문장을 보고 아픈 사람이 무엇을 해야 할 지를 아래 보기와 같이 이야기 해보세요.

〈보기〉
- Что Анто́н до́лжен де́лать?
- Анто́н до́лжен лежа́ть.
- Что ему́ нельзя́ де́лать?
- Анто́ну нельзя́ бе́гать.

мо́жно	лежа́ть, мно́го спать, сде́лать масска́ж, пойти́ к врачу́, пить тёплый чай
нельзя́	бе́гать, пить холо́дный сок, смотре́ть телеви́зор, игра́ть в футбо́л, есть шокола́д

1) У Анто́на боли́т нога́.

2) У Ка́ти боли́т голова́.

3) У Игоря боля́т зу́бы.

4) У Иры боли́т го́рло.

5) У Ми́ши боли́т спина́.

5. 다음 표현들을 활용하여 친구에게 조언하는 문장을 만들어 보세요.

Если ты хо́чешь быть здоро́в,	ты до́лжен … тебе́ на́до …

СЛОВА ДЛЯ СПРАВОК:
бе́гать ка́ждое у́тро, лежа́ть на дива́не, до́лго смотре́ть телеви́зор, есть о́вощи и фру́кты, есть на обе́д га́мбургеры и пить ко́лу, пить молоко́, де́лать заря́дку, мно́го гуля́ть в па́рке, ходи́ть пешко́м, принима́ть витами́ны

관용표현

До сва́дьбы заживёт

결혼식까지는 나을 거야.
〈다친 사람에게 위로의 표현으로 사용된다〉

- До́ктор, что со мной? Это серьёзно?
- У вас перело́м. Но не беспоко́йтесь, **до сва́дьбы заживёт!**

MEMO

Урок 12

У Ди́мы день рожде́ния.
지마의 생일입니다.

수사(2), 연령 표현

Когда́ у него́ день рожде́ния?	그의 생일은 언제입니까?
У на́шей ма́мы день рожде́ния.	우리 엄마의 생일입니다.
У мла́дшего бра́та за́втра бу́дет день рожде́ния.	내일은 동생의 생일입니다.
На́ша семья́ гото́вит ему́ пода́рки.	우리 가족은 그에게 선물을 준비합니다.
Сего́дня 11-ое а́вгуста.	오늘은 8월 11일입니다.
Я хочу́ подари́ть отцу́ и ма́ме часы́.	나는 아버지와 엄마에게 시계를 선물하고 싶습니다.

ПОЧИТАЕМ

День рожде́ния

Сегодня 7 мая. В суббо́ту у моего́ ста́ршего бра́та бу́дет день рожде́ния. Ему́ испо́лнится 18 лет. Это бу́дет большо́й пра́здник. Ди́ма стал уже́ совсе́м взро́слый.

На́ша семья́ гото́вит ему́ ра́зные пода́рки. Мой брат - студе́нт. Роди́тели хотя́т подари́ть Ди́ме но́вый компью́тер и ди́ски. Я хочу́ купи́ть ему́ но́вые кроссо́вки. Мой брат ещё и спортсме́н. Он игра́ет в футбо́л в университе́те. Я ду́маю, что моему́ бра́ту понра́вятся на́ши пода́рки.

А ве́чером у нас бу́дет семе́йный у́жин и, коне́чно, пра́здничный торт.

생일

오늘은 5월 7일입니다. 토요일은 나의 형의 생일입니다. 형은 18살이 됩니다. 이 날은 큰 기념일이 될 것입니다. 이제 지마는 완전한 어른이 된 것입니다.

우리 가족은 다양한 선물들을 준비합니다. 나의 형은 대학생입니다. 부모님들은 지마에게 새로운 컴퓨터와 디스크를 선물하려 합니다. 나는 형에게 새로운 운동화를 선물하고 싶습니다. 나의 형은 운동선수이기도 합니다. 그는 대학에서 축구를 합니다. 나는 형이 우리의 선물들을 마음에 들어 할 거라 생각합니다.

그리고 저녁에는 가족끼리 저녁식사를 할 건데, 물론 생일 케익도 먹을 것입니다.

СЛОВАРЬ

день рожде́ния	생일
испо́лниться	(연령에 대하여) ~이 되다
пра́здник	축일, 휴일
взро́слый	성인이 된
пода́рок	선물
диск	디스크
кроссо́вки	운동화
пра́здничный	축일의, 휴일의
торт	케이크

ПОГОВОРИМ

1. У кого́ бу́дет день рожде́ния?	누구의 생일이 옵니까?
2. Когда́ бу́дет пра́здник?	기념일은 언제입니까?
3. Ско́лько ему́ бу́дет лет?	그는 몇 살이 됩니까?
4. Каки́е пода́рки гото́вит Ди́ме семья́?	가족은 지마에게 어떤 선물들을 준비하고 있습니까?
5. Что брат пода́рит Ди́ме?	동생은 지마에게 무엇을 선물하려합니까?
6. Почему́ он хо́чет пода́рить бра́ту кроссо́вки?	왜 그는 형에게 운동화를 선물하고 싶어 합니까?
7. Что бу́дет ве́чером в суббо́ту?	토요일 저녁에 무엇이 있습니까?
8. Что бу́дет на пра́здничном столе́?	축하 식탁에는 무엇이 있습니까?
9. Ско́лько вам лет?	여러분은 몇 살입니까?
10. Как вы отмеча́ете ваш день рожде́ния?	여러분은 생일날을 어떻게 기념합니까?

ДИАЛОГ

- Алло́!
- Приве́т, Оля! Это Ната́ша.
- Здра́вствуй, Ната́ша!
- Оля, ты зна́ешь, что у Окса́ны ско́ро день рожде́ния?
- В суббо́ту.
- Что ты пода́ришь на́шей Окса́не?
- Я купи́ла ей краси́вый шарф. А ты?
- Я хочу́ подари́ть ей часы́. Дава́й ку́пим торт!
- Коне́чно. Дава́й ку́пим ещё и цветы́!
- Хорошо́. Отли́чная иде́я. Пока́!
- До за́втра!

- 여보세요!
- 안녕, 올랴! 나따샤야.
- 안녕, 나따샤!
- 올랴, 너 곧 옥산나 생일인거 아니?
- 토요일이지.
- 너는 옥산나에게 무엇을 선물할 거니?
- 나는 옥산나에게 예쁜 스카프를 주려고 샀어. 너는?
- 나는 시계를 선물하고 싶어. 케이크는 함께 사자!
- 물론이지. 꽃도 사도록 하자!
- 좋았어. 아주 좋은 생각이야. 안녕!
- 안녕(내일 봐)!

ГРАММАТИКА

1. 연령표현

- Ско́лько вам лет? - Мне 22 го́да.	- 당신은 몇 살입니까? - 저는 22살입니다.

사람의 연령에 대해서 말할 때도 마지막 숫자에 따라 뒤에 오는 단어의 격이 달라진다(8과 참조).

1, 21, 31, 41	**год**	(단수 주격)
2, 3, 4, 22, 33, 44	**го́да**	(단수 생격)
5-20, 30, 40, 50, 60, 70, 80, 90, 100	**лет**	(복수 생격)

2. 순서수사

순서수사는 순서를 나타내는 수사로 형용사와 같은 어미를 가지고 형용사처럼 변화한다. 따라서 순서수사는 관계하는 명사의 성, 수, 격에 일치하여 사용된다.

1	пе́рвый	11	оди́ннадцатый	21	два́дцать пе́рвый
2	второ́й	12	двена́дцатый	22	два́дцать второ́й
3	тре́тий	13	трина́дцатый	30	тридца́тый
4	четвёртый	14	четы́рнадцатый	40	сороково́й
5	пя́тый	15	пятна́дцатый	50	пятидеся́тый
6	шесто́й	16	шестна́дцатый	60	шестидеся́тый
7	седьмо́й	17	семна́дцатый	70	семидеся́тый
8	восьмо́й	18	восемна́дцатый	80	восьмидеся́тый
9	девя́тый	19	девятна́дцатый	90	девяно́стый
10	деся́тый	20	двадца́тый	100	со́тый

◉ 순서수사는 형용사의 어미와 같다.

он	она́	оно́	они́
пе́рвый	пе́рвая	пе́рвое	пе́рвые
второ́й	втора́я	второ́е	вторы́е
тре́тий	тре́тья	тре́тье	тре́тьи

ВЫРАЖЕНИЯ

월일에 대한 질문과 답

- Како́е сего́дня число́?
- Сего́дня 11 а́вгуста (11.08) (оди́ннадцатое а́вгуста).
- Сего́дня 21 ию́ля (21.07) (два́дцать пе́рвое ию́ля).

- 오늘이 며칠입니까?
- 오늘은 8월 11일입니다.
- 오늘은 7월 21일입니다.

- Когда́ у вас день рожде́ния?
- 11 а́вгуста (11.08) (оди́ннадцатого а́вгуста).
- 21 ию́ля (21.07) (два́дцать пе́рвого ию́ля).

- 당신의 생일은 언제입니까?
- 8월 11일입니다.
- 7월 21일입니다.

ЗАДАНИЯ И УПРАЖНЕНИЯ

1. 단어 〈год - го́да - лет〉를 올바르게 넣어 문장을 완성해 보세요.

1) Мари́не уже 20 ________.
2) Ему́ 17 ________.
3) Бра́ту 23 ________.
4) Ма́ме 56 ________.
5) Отцу́ 58 ________.
6) Ба́бушке 71 ________.
7) Ребёнку 4 ________.
8) Де́вушке 25 ________.
9) Ей 14 ________.
10) Вам 34 ________?

2. 주어진 단어들을 활용하여 질문에 답해보세요.

1) Кому́ преподава́тель объясня́ет уро́к?	но́вый студе́нт, но́вая студе́нтка, Ди́ма, Анто́н, Анна, Мари́на, на́ша гру́ппа
2) Кому́ он позвони́л?	своя́ мать, мой оте́ц, ста́рший брат, ма́ленькие де́ти
3) Кому вы написа́ли пи́сьма?	моя́ сестра́, хоро́шая подру́га, друг, дорого́й де́душка, Ната́ша, Ива́н
4) Кому́ помога́ет Ири́на?	люби́мая ба́бушка, ребёнок, Оля, Ми́ша

3. 아래 숫자를 보고 러시아어로 몇 월 며칠 인지 말해보세요.

〈보기〉 01.05
→ Сего́дня пе́рвое ма́я.
→ У него́ день рожде́ния пе́рвого ма́я.

1)	24.09	2)	13.10	3)	1.05	4)	18.12	5)	28.12
6)	29.04	7)	7.02	8)	16.06	9)	25.01	10)	12.11
11)	11.07	12)	4.09	13)	23.05	14)	12.10	15)	9.12

4. 아래 단어들을 활용해서 아래 질문에 답하면서 대화를 만들어 보세요.

часы́, игру́шка, телефо́н, компью́тер, косме́тика, шокола́д, кра́ски, альбо́м, мяч, шарф, кни́га, кошелёк, торт, су́мка, духи́, га́лстук, кольцо́, ро́зы

1) Расскажи́те, каки́е пода́рки мо́жно подари́ть мужчи́не, же́нщине, ребёнку.
2) Каки́е пода́рки вы хоте́ли бы получи́ть на день рожде́ния?
3) Каки́е пода́рки вы да́рите подру́ге и́ли дру́гу на день рожде́ния?

5. 아래 질문들에 러시아어로 대답해 보세요.

1) Когда́ у вас день рожде́ния?
2) Когда́ день рожде́ния у ва́шего отца́?
3) Когда́ день рожде́ния у ва́шей ма́мы?
4) Когда́ дни рожде́ния у ва́шего бра́та и сестры́?
5) Что вы обы́чно да́рите ва́шим роди́телям?
6) Что вы да́рите ва́шим друзья́м?

7) Что вы хоти́те получи́ть в пода́рок?

8) Каки́е пода́рки вы счита́ете поле́зными?

9) Какие пода́рки вы счита́ете бесполе́зными?

10) Что вы обы́чно де́лаете в ваш день рожде́ния?

관용표현

Дарёному коню́ в зу́бы не смо́трят

모든 선물은 값진 것이다.
〈선물의 가격, 내용과 상관없이 선물은 다 중요하다는 표현이다〉

- Ве́ра, кто подари́л тебе тако́й некраси́вый шарф?
- Оля, гла́вное - это пода́рок. **Дарёному коню́ в зу́бы не смо́трят.**

Урок 13

Ско́ро бу́дет се́ссия.
곧 시험기간입니다.

동사 미래형

Я бу́ду сдава́ть экза́мены.	나는 시험을 칠 것입니다.
Мы бу́дем писа́ть текст.	우리는 본문을 쓸 것입니다.
Мой друг бу́дет обе́дать в столо́вой.	내 친구는 식당에서 점심을 먹을 것입니다.
Студе́нты бу́дут повторя́ть грамма́тику.	학생들은 문법을 복습할 것입니다.
Мы бу́дем есть ку́рицу.	우리는 닭을 먹을 것입니다.
Он бу́дет за́втракать.	그는 아침을 먹을 것입니다.

ПОЧИТАЕМ

Скоро будет сессия.

Ско́ро бу́дет се́ссия. Я бу́ду о́чень за́нят. Я бу́ду усе́рдно гото́виться к экза́менам.

Я бу́ду сдава́ть у́стные и пи́сьменные экза́мены. Я бу́ду писа́ть тест по ру́сскому языку́ и по англи́йскому языку́. Я бу́ду отвеча́ть на вопро́сы профе́ссора.

Ка́ждый день у́тром я бу́ду ходи́ть в университе́тскую библиоте́ку. Там я бу́ду чита́ть кни́ги, уче́бники, све́жие газе́ты. Я бу́ду повторя́ть ру́сскую и англи́йскую грамма́тику и ле́ксику.

Днём я и мой друг бу́дем обе́дать в на́шей студе́нческой столо́вой. Мы бу́дем сно́ва рабо́тать в библиоте́ке, а пото́м ве́чером бу́дем у́жинать в на́шем люби́мом кафе́. Мы бу́дем есть ку́рицу и пить ко́лу. Мы не бу́дем пить пи́во.

В выходны́е я бу́ду занима́ться до́ма.

곧 시험기간입니다.

곧 시험기간입니다. 나는 매우 바쁠 것입니다. 나는 시험 준비를 열심히 할 것입니다.

나는 구술시험과 필기시험을 칠 것입니다. 나는 러시아어와 영어 본문을 쓸 것입니다. 나는 교수님의 질문에 대답을 할 것입니다.

매일 아침 나는 학교 도서관으로 갈 것입니다. 거기에서 나는 책, 교과서, 새 신문들을 읽을 것입니다. 나는 러시아어와 영어 문법과 단어를 복습할 것입니다.

낮에 나와 친구는 우리 학교 식당으로 점심을 먹으러 갈 것입니다. 우리는 다시 도서관에서 공부하고, 그 뒤 저녁에는 우리가 좋아하는 카페에서 저녁을 먹을 것입니다. 우리는 닭을 먹고 콜라를 마실 것입니다. 우리는 맥주는 마시지 않을 것입니다.

휴일에는 나는 집에서 공부할 것입니다.

СЛОВАРЬ

се́ссия	시험기간	за́нят	바쁘다(남)
усе́рдно	열심히	сно́ва	다시
сдава́ть экза́мен (-ы)	시험을 치다	грамма́тика	문법
у́стный	구두의, 구술의	пи́во	맥주
пи́сьменный	글로 쓴, 글의,	выходно́й	휴일
тест по ру́сскому языку́	러시아어 본문	ку́рица	닭
отвеча́ть на вопро́с (-ы)	질문에 답하다	ко́ла	콜라
гото́виться (к чему?)	준비하다	све́жий	신선한

ПОГОВОРИМ

1. Что бу́дет ско́ро?	곧 무엇이 시작됩니까?
2. Что он бу́дет сдава́ть?	그는 어떤 시험을 치게 될 것입니까?
3. Что он бу́дет писа́ть?	그는 무엇을 쓰게 될 것입니까?
4. Что он бу́дет де́лать ка́ждый день?	그는 매일 무엇을 할 것입니까?
5. Что он бу́дет де́лать в библиоте́ке у́тром?	그는 아침에 도서관에서 무엇을 할 것입니까?
6. Где он бу́дет обе́дать?	그는 어디에서 점심을 먹을 것입니까?
7. Где он бу́дет у́жинать?	그는 어디에서 저녁을 먹을 것입니까?
8. Что он бу́дет есть на у́жин?	그는 저녁에 무엇을 먹을 것입니까?
9. У вас ско́ро бу́дет се́ссия. Что вы бу́дете де́лать?	여러분은 언제 시험기간입니까? 여러분은 그 때 무엇을 할 것입니까?
10. Что вы бу́дете де́лать в библиоте́ке?	여러분은 도서관에서 무엇을 할 것입니까?

ДИАЛОГ

① - Что вы бýдете дéлать пóсле лéкции?
- Мы бýдем обéдать.
- Где вы бýдете сегóдня обéдать?
- Рáньше мы ходи́ли в нáшу столóвую, но сегóдня мы бýдем обéдать в кафé óколо университéта.
- Что вы бýдете там есть?
- Мы бýдем есть пи́ццу и пить кóлу.

- 너희들은 강의 후에 뭐 할 거니?
- 우리는 점심을 먹을 거야.
- 너희들은 오늘 어디에서 점심을 먹을 거니?
- 예전에 우리는 우리 학교 식당에 갔었는데, 오늘은 학교 근처에 있는 카페에서 점심을 먹을 거야.
- 너희들은 거기서 뭘 먹을거니?
- 우리는 피자를 먹고 콜라를 마실거야.

② - Что ты бýдешь дéлать сегóдня вéчером?
- Вéчером я бýду дóма. Я бýду читáть интерéсный ромáн и смотрéть телеви́зор.
- Что ты бýдешь смотрéть по телеви́зору?
- Я бýду смотрéть нóвый сериáл и юмористи́ческое шóу. А что ты бýдешь дéлать сегóдня?
- Я бýду занимáться спóртом, бýду бéгать в пáрке. Потóм я бýду учи́ть рýсский язы́к. Вéчером у тебя́ бýдет врéмя?
- Да. В 8 часóв я бýду свобóдна. Позвони́ мне!
- Хорошó.

- 너는 오늘 저녁에 뭐할 거니?
- 저녁에 나는 집에 있을 거야. 나는 재미있는 소설을 읽고 텔레비전을 볼 거야.
- 텔레비전에서 뭘 볼 거니?
- 나는 새로운 시리즈물과 오락 쇼를 볼 거야. 그런데 너는 오늘 뭘 할 거니?
- 나는 운동을 할 건데, 공원에서 달리기를 하려고 해. 그 뒤 러시아어를 공부할 거야. 저녁에 너 시간 있니?
- 응. 8시에는 한가할 것 같아. 전화해!
- 알았어.

ГРАММАТИКА

1. быть 동사의 인칭변화와 미래 용법

이 동사의 인칭변화는 I식 현재 동사변화형과 비슷하며, 과거의 경우와 마찬가지로 미래시제로도 '있다, 다녀오다'의 의미로 사용된다.

я	бу́ду	мы	бу́дем
ты	бу́дешь	вы	бу́дете
он, она, оно	бу́дет	они	бу́дут

Я	бу́ду	чита́ть кни́гу.	나는 책을 읽을 것이다.
		писа́ть письмо́.	나는 편지를 쓸 것이다.
		слу́шать ра́дио.	나는 라디오를 들을 것이다.

вчера́	сего́дня	за́втра
Я был в университе́те. Я чита́л.	Я в университе́те. Я чита́ю.	Я бу́ду в университе́те. Я бу́ду чита́ть.

2. 동사 〈есть - пить〉

동사 'есть(먹다)'와 'пить(마시다)'는 규칙적인 변화를 하지 않으므로 각 변화형들에 유의하여 익혀두어야 한다.

인칭 \ 동사원형	есть	пить
я	ем	пью
ты	ешь	пьёшь
он, она, оно	ест	пьёт
мы	еди́м	пьём
вы	еди́те	пьёте
они	едя́т	пьют
명령형	Ешь(те)!	Пей(те)!
과거형	ел, -а, -о, -и	пил, -а, -о, -и

ВЫРАЖЕНИЯ

у́тром	за́втракать	아침에 (아침)식사를 하다	за́втрак	아침식사
днём	обе́дать	점심에 (점심)식사를 하다	обе́д	점심식사
ве́чером	у́жинать	저녁에 (저녁)식사를 하다	у́жин	저녁식사

есть	на за́втрак	что?	суп	아침식사때 수프를 먹다
	на обе́д		ры́бу	점심식사때 생선을 먹다
	на у́жин		мя́со	저녁식사때 고기를 먹다

ЗАДАНИЯ И УПРАЖНЕНИЯ

1. 동사 〈пить, есть>를 활용해서 문장을 완성해 보세요.

1) Ка́ждое у́тро я ________ яйцо́ и ________ сок.

2) Мы ________ суп и ________ молоко́.

3) Мари́на ________ чай, а Ди́ма ________ ко́лу.

4) Ты ________ мя́со?

5) Вы ________ ко́фе?

6) Де́ти ________ ка́шу и ________ во́ду.

2. 보기와 같이 문장을 완성해 보세요.

〈보기〉
Сейча́с Оле́г __________ (повторя́ть) грамма́тику.
Сейча́с Олег **повторя́ет** грамма́тику.

1) Вчера́ я _________ (писа́ть) письмо́ ба́бушке.

2) В сле́дующем году́ мы _________ (учи́ться) в но́вой шко́ле.

3) Сейча́с она́ _________ (рабо́тать) в центра́льной больни́це.

4) Что вы _________ (де́лать) за́втра ве́чером?

5) Ра́ньше Мари́на _________ (говори́ть) об э́том.

6) Послеза́втра профе́ссор _________ (чита́ть) ле́кцию в 2 часа́.

3. 보기와 같이 올바른 표현으로 아래 빈칸을 채워보세요.

Ра́ньше	Сейча́с	Пото́м
Я писа́л письмо́.	писа́ть письмо́	Я бу́ду писа́ть письмо́.
	обе́дать в кафе́	
	чита́ть газе́ту	
	ходи́ть в шко́лу	
	жить в дере́вне	
	есть фру́кты	
	изуча́ть ру́сский язы́к	

4. 다음 주어진 질문에 러시아어로 대답해 보세요.

а)

1) Когда́ и где вы обы́чно за́втракаете?

2) Что вы обы́чно еди́те на за́втрак?

3) Когда́ и где вы обы́чно обе́даете?

4) Что вы обы́чно еди́те на обе́д?

5) Когда́ и где вы обы́чно у́жинаете?

6) Что вы обы́чно еди́те на у́жин?

б)

1) Скажи́те, что вы бу́дете де́лать сего́дня вечером?
2) Скажи́те, что вы бу́дете де́лать в суббо́ту?
3) Скажи́те, что вы бу́дете де́лать в воскресе́нье?
4) Скажи́те, что вы бу́дете де́лать ле́том?
5) Скажи́те, что вы бу́дете де́лать на кани́кулах?

5. 여러분은 카페에 와있습니다. 직원이 여러분에게 메뉴표를 제시합니다. 여러분은 무엇을 주문하시겠습니까? 대화를 만들어 보세요.

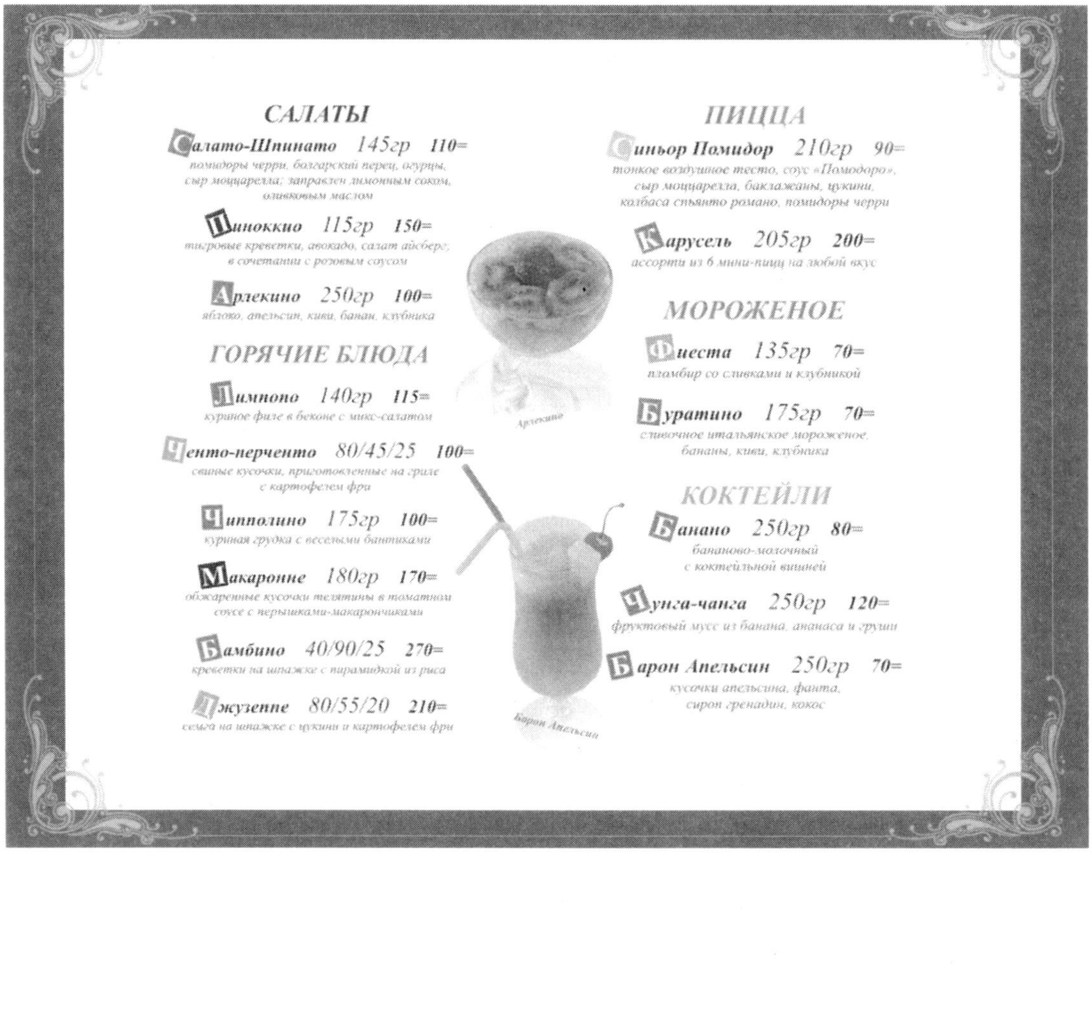

САЛАТЫ

Салато-Шпинато 145гр **110=**
помидоры черри, болгарский перец, огурцы, сыр моцарелла; заправлен лимонным соком, оливковым маслом

Пиноккио 115гр **150=**
тигровые креветки, авокадо, салат айсберг, в сочетании с розовым соусом

Арлекино 250гр **100=**
яблоко, апельсин, киви, банан, клубника

ГОРЯЧИЕ БЛЮДА

Лимноно 140гр **115=**
куриное филе в беконе с микс-салатом

Ченто-перченто 80/45/25 **100=**
свиные кусочки, приготовленные на гриле с картофелем фри

Чипполино 175гр **100=**
куриная грудка с весельми бантиками

Макаронне 180гр **170=**
обжаренные кусочки телятины в томатном соусе с перышками-макарончиками

Бамбино 40/90/25 **270=**
креветки на шпажке с пирамидкой из риса

Джузеппе 80/55/20 **210=**
семга на шпажке с цукини и картофелем фри

ПИЦЦА

Синьор Помидор 210гр **90=**
тонкое воздушное тесто, соус «Помодоро», сыр моцарелла, баклажаны, цукини, колбаса спьянто романо, помидоры черри

Карусель 205гр **200=**
ассорти из 6 мини-пицц на любой вкус

МОРОЖЕНОЕ

Фиеста 135гр **70=**
пломбир со сливками и клубникой

Буратино 175гр **70=**
сливочное итальянское мороженое, бананы, киви, клубника

КОКТЕЙЛИ

Банано 250гр **80=**
бананово-молочный с коктейльной вишней

Чунга-чанга 250гр **120=**
фруктовый мусс из банана, ананаса и груши

Барон Апельсин 250гр **70=**
кусочки апельсина, фанта, сироп гренадин, кокос

관용표현

Ка́шу ма́слом не испо́ртишь

많을수록 좋다(아무리 많아도 괜찮다)
〈음식을 만들 때 이 음식과 결합해서 좋은 것은 많이 넣어도 좋다는 표현이다〉

- Ве́ра, заче́м ты кладёшь в суп так мно́го овоще́й?
- Это вку́сно и поле́зно. **Ка́шу ма́слом не испо́ртишь.**

MEMO

Урок 14

Я хочу́ стать изве́стным челове́ком.
나는 유명한 사람이 되고 싶습니다.

조격

Он стал изве́стным челове́ком.	그는 유명한 사람이 되었습니다.
Она́ была́ популя́рной певи́цей.	그녀는 인기있는 가수였습니다.
Он интересу́ется совреме́нным о́бществом.	그는 현대 사회에 관심을 가지고 있습니다.
Мой друг занима́ется спо́ртом.	나의 친구는 스포츠를 합니다.
Оле́г дру́жит с Ольгой.	올렉은 올가와 친합니다.
Мы пи́шем си́ними ру́чками.	우리는 파란색 펜으로 쓰고 있습니다.

ПОЧИТАЕМ

Письмо́

Здра́вствуйте!

Пишу́ вам из Росси́и. Вот уже́ 2 ме́сяца я в Москве́.

Я живу́ в общежи́тии. Учу́сь в университе́те. Изуча́ю ру́сский язы́к. Я хочу́ стать перево́дчиком. Я интересу́юсь ру́сской культу́рой и росси́йской эконо́микой и внимательно смотрю́, как живу́т ру́сские. Я пока́ ещё немно́го говорю́ по-ру́сски, но о́чень стара́юсь.

Жить в Москве́ не про́сто. Я всё де́лаю сам: гото́влю за́втрак, обе́д и у́жин, убира́ю ко́мнату, хожу́ в магази́н, стира́ю оде́жду. Очень тру́дно!

В университе́те я познако́мился со студе́нтом из Аме́рики. Его́ зову́т Стив. Он совсе́м пло́хо говори́т по-ру́сски. В Аме́рике он изуча́л эконо́мику и поли́тику. Его́ семья́ хоте́ла, что́бы он стал диплома́том. Его́ де́душка то́же был диплома́том. Но у Сти́ва други́е пла́ны. Он мечта́ет путеше́ствовать. Он хо́чет стать журнали́стом.

Стив интересу́ется мирово́й исто́рией. Он мно́го чита́ет. Мы со Сти́вом ча́сто хо́дим в библиоте́ку. Я помога́ю ему́ изуча́ть ру́сский язы́к, он помога́ет мне не забы́ть англи́йский. Стив увлека́ется спо́ртом, как и я. Мы с ним игра́ем в футбо́л, те́ннис, баскетбо́л.

Обы́чно ве́чером мы е́здим в центр, хо́дим на вы́ставки, в теа́тры, гуля́ем в па́рке, у́жинаем в кафе́.

Посыла́ю вам фотогра́фии. Вы согласи́тесь со мной, что Москва́ - о́чень краси́вый го́род. Береги́те себя́! Пиши́те.

С уваже́нием, Джун.

편지

안녕하세요!

러시아에서 편지 드려요. 제가 모스크바에 온지 벌써 2달이 되었어요.

저는 기숙사에 살고 있어요. 대학교에서 공부하고 있구요. 러시아어를 배우고 있습니다. 저는 통역가가 되고 싶어요. 저는 러시아 문학과 경제에 관심이 있어요. 그래서 주의깊게 러시아인들이 어떻게 살고 있는지 보고 있어요. 제가 아직까지는 러시아어를 조금밖에 말하지 못하지만 매우 노력하고 있습니다.

모스크바에서 사는 것은 쉽지가 않아요. 제가 모든 것을 스스로 해야 합니다. 즉, 아침, 점심, 저녁을 준비해야 하고 방을 청소하고 가게에 다녀와야 하고 빨래도 해야 합니다. 매우 힘이 들어요!

학교에서 저는 미국에서 온 대학생과 알게 되었어요. 그의 이름은 스티브예요. 그는 러시아어로 말하는 것이 아주 서툴러요. 미국에서 그는 경제와 정치를 배웠답니다. 그의 가족은 그가 외교관이 되길 바란대요. 그의 할아버지 역시 외교관이었답니다. 하지만 스티브에게는 다른 계획들이 있어요. 그는 여행을 다니고 싶어 합니다. 그는 기자가 되길 원해요.

스티브는 세계 역사에 관심이 있어요. 그는 책을 많이 읽어요. 스티브와 저는 자주 도서관에 다닙니다. 저는 그에게 러시아어 배우는 것을 도와주고, 그는 저에게 영어를 잊어버리지 않도록 도와줍니다. 스티브는 저처럼 스포츠를 좋아합니다. 우리는 축구, 테니스, 농구를 합니다.

보통 저녁에 우리는 시내를 다녀오고, 전시회, 극장들을 다니며, 공원을 산책하고 카페에서 저녁을 먹어요.

사진을 보내드릴께요. 모스크바가 매우 아름다운 도시라는 점에 동의하실 거예요. 건강유의하세요! 답장주세요.

존경을 담아 준 드림.

СЛОВАРЬ

общежи́тие	기숙사	журнали́ст	저널리스트, 기자
эконо́мика	경제학	всеми́рный	전 세계의
забы́ть (что?)	잊다	увлека́ться (кем? чем?)	열중하다, 몰두하다
про́сто	쉽게, 단순히	внима́тельно	주의 깊게
убира́ть (что?)	치우다, 정돈하다	посыла́ть (что?)	보내다, 파견하다
стира́ть (что?)	세탁하다	фотогра́фия	사진
оде́жда	옷	уваже́ние	존경
поли́тика	정치	внима́тельно	주의깊게
диплома́т	외교관	стара́ться	노력하다, 열심히 하다
те́ннис	테니스	междунаро́дный	국제적인
интересова́ться (кем? чем?)	흥미를 가지다, 관심을 가지다	согласи́ться (с кем? с чем?)	동의하다

ПОГОВОРИМ

1. Где живёт Джун?	준은 어디에 살고 있습니까?
2. Как до́лго он живёт в Росси́и?	그는 러시아에 얼마동안 살고 있습니까?
3. Что изуча́ет Джун?	준은 무엇을 배우고 있습니까?
4. Кем он хо́чет стать?	그는 무엇이 되고 싶어 합니까?
5. Чем он интересу́ется?	그는 무엇에 관심을 가지고 있습니까?
6. Как зову́т его́ дру́га?	그의 친구 이름은 무엇입니까?
7. Кем хо́чет стать Стив?	스티브는 무엇이 되고 싶어 합니까?
8. Что Стив и Джун де́лают вме́сте? Куда они́ хо́дят?	스티브와 준은 함께 무엇을 합니까? 그들은 어디를 다닙니까?
9. Кем вы хоти́те стать?	여러분은 무엇이 되고 싶습니까?
10. Чем вы увлека́етесь?	여러분은 무엇에 열중하고 있습니까?

ДИАЛОГ

- Ке́вин, приве́т! Макси́м, э́то Ке́вин. А это мой друг Макси́м. Познако́мьтесь!
- Ке́вин, о́чень прия́тно познако́миться с ва́ми. Ивано́в Макси́м.
- Очень прия́тно, Макси́м. Меня́ зову́т Ке́вин Дже́нетт. Дава́йте на ты!
- Хорошо́. Ке́вин, ты давно́ в Москве́?
- Уже́ ско́ро оди́н год. Я учу́сь в университе́те. Я хочу́ стать перево́дчиком. Я изуча́ю ру́сский язы́к.
- Ты хорошо́ говори́шь по-ру́сски.
- Спаси́бо. Мой оте́ц рабо́тает профе́ссором в университе́те. Он преподаёт ру́сский язы́к и культу́ру. Моя́ ма́ма рабо́тала журнали́сткой в Москве́ почти́ 4 го́да. В семье́ мы иногда́ говори́м по-ру́сски, ча́сто смо́трим росси́йское кино́.
- Очень интере́сно. А когда́ ты на́чал изуча́ть ру́сский язы́к?
- Это бы́ло в де́тстве. Ма́ма учи́ла меня́ говори́ть по-ру́сски. У неё бы́ли ру́сские подру́ги. Они́ ча́сто приходи́ли в наш дом. Макси́м, хочу́ тебе́ сказа́ть, что ру́сский язы́к о́чень тру́дный!

- 케빈, 안녕! 막심, 얘가 케빈이야. 그리고 얘는 내 친구 막심이야. 인사 나눠!
- 케빈, 알게 되어 매우 반가워요. 이바노프 막심입니다.
- 매우 반가워요, 막심. 나의 이름은 케빈 제네트예요. 우리 편하게 말해요!
- 좋아. 케빈, 너는 오래전부터 모스크바에 있었니?
- 벌써 곧 1년이 되어 가. 나는 대학을 다니고 있어. 나는 통역가가 되고 싶어. 나는 러시아어를 배우고 있어.
- 너는 러시아어로 잘 말하는구나.
- 고마워. 나의 아버지는 대학교에서 교수로 일하셔. 아버지는 러시아어와 문학을 가르치셔. 나의 엄마는 모스크바에서 거의 4년 동안 기자로 일하셨어. 집에서 우리는 종종 러시아어로 말하고, 자주 러시아 영화를 봐.
- 매우 흥미롭구나. 그런데 너는 언제 러시아어를 배우기 시작했니?
- 어릴 적에. 엄마가 러시아어로 말하는 것을 나에게 가르치셨어. 엄마에게는 러시아 친구들이 있었어. 그들은 자주 우리 집에 오셨었어. 막심, 러시아어는 매우 어렵다는 것을 너에게 말해주고 싶어!

ГРАММАТИКА

1. 조격

명사의 조격은 '~와 함께, ~로써, ~로' 등의 의미로 함께 하는 사람, 수단, 자격 등을 나타낸다. 조격 어미로는 단수 남성과 중성명사는 **-ом, -ем**, 여성명사는 **-ой, -ей**, 복수형태는 **-ами, -ями** 등을 가진다. 이러한 명사와 함께 쓰이는 형용사, 소유 대명사도 아래와 같이 조격 형태들로 변화한다.

		주격(1격) (кто? что?)		조격(5격) (кем? чем? / с кем? с чем?)	
단수	남성	но́вый хоро́ший	студе́нт каранда́ш	но́вым хоро́шим	студе́нтом карандашо́м
	여성	но́вая хоро́шая	студе́нтка ру́чка	но́вой хоро́шей	студе́нткой ру́чкой
복수		но́вые хоро́шие	студе́нты каранда́ши ру́чки	но́выми хоро́шими	студе́нтами карандаша́ми ру́чками

		주격(1격) (кто? что?)		조격(5격) (кем? чем? / с кем? с чем?)	
단수	남성	мой твой наш ваш его́, её, их	студе́нт учи́тель па́па каранда́ш	мои́м твои́м на́шим ва́шим его́, её, их	студе́нтом учи́телем па́пой карандашо́м
	여성	моя́ твоя́ на́ша ва́ша его́, её, их	учи́тельница му́зыка мать ру́чка	мое́й твое́й на́шей ва́шей его́, её, их	учи́тельницей му́зыкой ма́терью ру́чкой
	중성	моё твоё на́ше ва́ше его́, её, их	о́бщество зада́ние	моё твоё на́ше ва́ше его́, её, их	о́бществом зада́нием
복수		мои́ твои́ на́ши ва́ши его́, её, их	кни́ги журна́лы учителя́ кра́ски	мои́ми твои́ми на́шими ва́шими его́, её, их	кни́гами журна́лами учителя́ми кра́сками

2. 조격을 요구하는 동사

아래 동사들은 뒤에 명사 조격을 수반한다.

① 동사 〈**быть**(~이다, ~되다), **стать**(~되다), **рабо́тать**(~일하다, 되다)〉

быть стать рабо́тать	кем?	студе́нтк**ой**	여대생이 되다
		студе́нт**ом**	대학생이 되다
		учи́тельниц**ей**	여교사가 되다
		учи́тел**ем**	교사가 되다

② 동사 〈**интере́соваться**(관심, 흥미를 가지다), **увлека́ться**(열중, 물두하다)〉

интересова́ться (заинтересова́ться) увлека́ться (увле́чься)	чем?	спо́ртом	스포츠에 관심을 가지다
		чте́нием	독서에 관심을 가지다
		эконо́микой	경제학에 열중하다
		исто́рией	역사에 열중하다

③ 〈с кем(~와 함께)〉과 함께 쓰이는 동사들

быть	с кем?	с дру́гом	친구가 되다
идти́		с Бори́сом	보리스와 가다
познако́миться		с подру́гой	여자친구와 알게되다
согласи́ться		с Ирой	이라와 동의하다

④ 〈чем(~로써, ~로)〉과 함께 쓰이는 동사들

писа́ть	чем?	карандашо́м	연필로 쓰다.
рисова́ть		ру́чкой	펜으로 그리다
ду́мать		голово́й	머리로 생각하다
рабо́тать		рука́ми	손으로 일하다

ЗАДАНИЯ И УПРАЖНЕНИЯ

1. 보기와 같이 문장을 완성해 보세요.

〈보기〉
Мой друг стал ________________ (матема́тик).
→ Мой друг стал матема́тиком.

1) Мой друг рабо́тал ________________ . | ме́неджер, юри́ст, экономи́ст, учи́тель, врач, перево́дчик

2) Она́ была́ ____________________ .	учи́тельница, перево́дчица, дире́ктор, по́вар, медсестра́
3) Он ста́нет ____________________ .	космона́вт, президе́нт, бизнесме́н, оте́ц
4) Я бу́ду ____________________ .	преподава́тель, продаве́ц, дизайне́р, моде́ль, инжене́р

2. 그림을 보고 이 사람들이 무엇에 홍미를 가지고 열중하고 있는지 말해보세요.

1)

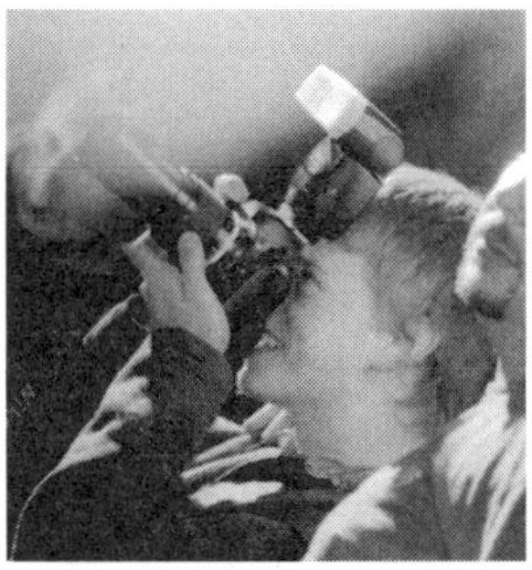

2)

3)

4)

3. 보기와 같이 문장을 완성해 보세요.

〈보기〉
Ва́ня ходи́л в кино́ с __________ (мы).
→ Ва́ня ходи́л в кино́ с на́ми.

1) Я разгова́ривала с __________ (он).

2) Ни́на игра́ла с ________ (я) в те́ннис.
3) Ири́на пошла́ с ________ (они) в кино́.
4) Па́вел ходи́л с ________ (вы) на вы́ставку?
5) Мы согла́сны с ________ (ты).
6) Друзья́ не разгова́ривают с ________ (я).

4. 보기와 같이 문장을 완성해 보세요.

〈보기〉
Шко́льники рису́ют ______________________ (цветны́е кра́ски).
→ Шко́льники рису́ют цветны́ми кра́сками.

1) Худо́жник рисова́л ______________________ (чёрная гуа́шь).
2) Ма́льчик пи́шет ______________________ (ша́риковая ру́чка).
3) Ду́майте ____________________ (ва́ши го́ловы)!
4) В футбо́л мо́жно игра́ть ___________________ (но́ги и голова́).
5) Коре́йцы едя́т __________________________ (деревя́нные па́лочки).
6) Ма́ма ре́жет о́вощи _____________________ (большо́й нож).

5. 아래 질문들에 러시아어로 대답해 보세요.

1) Кака́я у вас мечта́?
2) Что ду́мают ва́ши роди́тели?
3) Кем вы хоте́ли стать, когда́ учи́лись в шко́ле?
4) Чем вы интересу́етесь?
5) Чем вы интересова́лись в шко́ле?
6) Чем вы занима́етесь ка́ждый день?
7) С кем вы дру́жите?

8) С кем вы ча́сто встреча́етесь?

9) Чем увлека́ется ваш друг (ва́ша подру́га)?

10) Кем хо́чет стать ваш друг (ва́ша подру́га)?

관용표현

Рабо́тать как ло́шадь

말처럼 일하다

〈꾸준히 열심히 일하는 사람에 대해 말할 때 사용하는 표현이다〉

- Ви́ктор - о́чень трудолюби́вый челове́к.
- Да, он **рабо́тает как ло́шадь.**

Урок 15

Я иду́ на пло́щадь.
나는 광장으로 갑니다.

운동동사 идти - ходить

Куда́ вы сейча́с идёте?	당신은 지금 어디로 가십니까?
Сейча́с я иду́ в спорти́вный зал.	지금 나는 체육관으로 갑니다.
Ка́ждый день я хожу́ на рабо́ту.	매일 나는 직장에 다닙니다.
Пойдём в кафе́ вме́сте!	함께 카페에 가자!
Вот идёт мой друг.	여기 나의 친구가 가고 있습니다.
Идёт пе́рвый авто́бус.	첫 번째 버스가 오고 있습니다.

ПОЧИТАЕМ

Наш го́род

Наш го́род о́чень краси́вый. Он не большо́й, но о́чень зелёный. В го́роде есть больши́е па́рки и сады́.

Я о́чень люблю́ ра́ннее у́тро в на́шем го́роде. Ка́ждый день я рису́ю на центра́льной пло́щади. Сего́дня я то́же иду́ туда́. Утром там о́чень краси́во. Пло́щадь о́чень широ́кая. Пря́мо – высо́кая бе́лая це́рковь. Спра́ва – ста́рый ры́нок. Сле́ва нахо́дится большо́й парк. Ве́село пою́т пти́цы. Лю́ди ещё спят. Никто́ не хо́дит.

Вот идёт пе́рвый авто́бус. Иду́т мужчи́ны и же́нщины. Наве́рное, они́ спеша́т на рабо́ту. Вот идёт мой друг Серёжа. Мы ча́сто встреча́емся здесь. Он ка́ждый день у́тром хо́дит в спорти́вный зал. Сего́дня он то́же идёт туда́.

우리 도시

우리 도시는 매우 아름답습니다. 도시는 크지는 않지만 매우 푸릅니다. 도시에는 큰 공원들과 정원들이 있습니다.

나는 우리 도시에서 이른 아침을 좋아합니다. 매일 나는 중앙 광장에서 그림을 그립니다. 오늘도 나는 거기로 갑니다. 거기는 아침마다 매우 아름답습니다. 광장은 매우 넓습니다. 정면에는 높은 하얀 교회가 있습니다. 오른쪽은 오래된 시장이 있습니다. 왼쪽에는 큰 정원이 있습니다. 새들이 즐겁게 지저귑니다. 사람들은 아직 자고 있습니다. 아무도 다니지 않고 있습니다.

여기 첫 버스가 갑니다. 남자들과 여자들이 걸어가고 있습니다. 아마도 그들은 직장으로 서둘러 가고 있을 것입니다. 여기 나의 친구 세료자가 옵니다. 우리는 자주 여기서 만납니다. 그는 매일 아침 체육관을 다닙니다. 오늘도 거기에 갑니다.

СЛОВАРЬ

рисова́ть (кого? что?)	(그림을) 그리다
центра́льный	중앙의
це́рковь	교회
спра́ва	오른쪽에서
ры́нок	시장
сле́ва	왼쪽에서
ве́село	유쾌하게, 즐겁게
петь (что?)	노래부르다
пти́ца	새
наве́рное	아마 틀림없이, 확실히, 반드시
спеши́ть	서두르다
встреча́ться (с кем?)	만나다
вокза́л	기차역
пойти́ (куда?)	가다

ПОГОВОРИМ

1. Расскажи́те, како́й э́то го́род.	이 도시가 어떠한지 말해보세요.
2. Что есть в го́роде?	도시에는 무엇이 있습니까?
3. Что есть на пло́щади?	광장에는 무엇이 있습니까?
4. Как вы ду́маете, кто он?	여러분은 그가 무슨 일을 한다고 생각합니까?
5. Почему́ Са́ша ка́ждый день хо́дит на пло́щадь?	사샤는 왜 매일 광장으로 갑니까?
6. Куда́ он идёт сего́дня?	그는 오늘 어디를 갑니까?
7. Куда́ идёт Серёжа?	세료자는 어디를 가고 있습니까?
8. Когда́ он идёт в спорти́вный зал?	언제 그는 체육관으로 갑니까?
9. Когда́ вы хо́дите в университе́т?	여러분은 언제 학교로 갑니까?
10. Когда́ вы обы́чно хо́дите гуля́ть(занима́ться спо́ртом)?	여러분은 언제 산책하러(운동하러) 갑니까?

ДИАЛОГ

- Приве́т, Ди́ма!
- Здра́вствуй, Игорь!
- Куда́ ты идёшь?
- Я иду́ в столо́вую.
- Ты ча́сто туда́ хо́дишь?
- Да, я хожу́ туда ка́ждый день.

- 안녕, 지마!
- 안녕, 이고르!
- 너는 어디 가는 길이니?
- 나는 식당에 가는 길이야.
- 너는 거길 자주 걸어서 다니니?
- 응, 나는 매일 거길 걸어서 다녀.

ГРАММАТИКА

1. 운동 동사 〈идти́ - ходи́ть〉

'어떤 장소를 향하여 가다, 오다'를 의미하는 동사를 운동동사라고 한다. 운동 동사 **идти** - **ходить**는 '도보로 걸어서 가다, 오다'를 의미하는 동사로 **идти**는 '일정한 방향을 향하여 진행중인 단일 과정'을 의미하므로 정태동사, **ходить**는 '왕복이나 복수 과정'을 의미하므로 부정태 동사라고 부른다.

동사원형 / 인칭	**идти́**	**ходи́ть**
я	иду́	хожу́
ты	идёшь	хо́дишь
он	идёт	хо́дит
мы	идём	хо́дим
вы	идёте	хо́дите
они	иду́т	хо́дят
과거형	**шёл, шла, шли**	**ходи́л (-а, и)**
명령형	Иди́(те)!	
		Не ходи́(те)!

이 동사들의 운동 목표에 해당하는 '~로, ~을 향하여'는 전치사 'в/на + 대격'으로 나타낸다.

идти́ ходи́ть	куда?	в университе́т в шко́лу в общежи́тие на рабо́ту на по́чту	대학교로 학교로 기숙사로 직장으로 우체국으로	가다 다니다

2. 운동의 단일과 복수 과정

단일 과정	
Сейча́с я **иду́** в университе́т.	오늘 나는 대학교로 (걸어서)간다.
Сего́дня мы **идём** в парк.	오늘 우리는 공원에 (걸어서)간다.

단일과정을 의미하는 단어와 결합: сейча́с, сего́дня, в 2 часа́

куда́?
Я ⟶ в банк.
иду́

복수 과정	
Ка́ждый день я **хожу́** в университе́т.	매일 나는 학교에 (걸어서)다닌다.
Они́ всегда́ **хо́дят** в парк.	그들은 항상 공원에 (걸어서)다닌다.

복수과정을 의미하는 단어와 결합: ка́ждый день, всегда́, ча́сто, иногда́, ре́дко

куда́?
Я ⇄ в банк.
хожу́

ВЫРАЖЕНИЯ

Пойдём в кино́!	극장에 가자!
Пойдёмте в кино́!	극장에 갑시다!

ЗАДАНИЯ И УПРАЖНЕНИЯ

1. 아래 그림을 보고 보기와 같이 대화를 만들어 보세요.

〈보기〉
- Куда́ вы идёте?
- Я иду ______________.

1)	2)	3)

4)	5)	6)

2. 주어진 동사를 활용하여 문장을 완성해 보세요.

а) <идти́>

1) Студе́нты ___________ в университе́т.
2) Сейча́с я ___________ в магази́н.
3) Куда́ вы ___________?
4) Сего́дня мы ___________ в парк.
5) Ива́н Петро́вич, ___________ сюда́!

6) Ты __________ на стадио́н?

7) Сейча́с Све́та __________ на по́чту.

б) <ходи́ть>

1) Ка́ждый день Ни́на __________ в институ́т.

2) Мы всегда́ __________ на рабо́ту ра́но у́тром.

3) Я ча́сто __________ ту́да.

4) Куда́ вы __________ ка́ждый ве́чер?

5) Де́ти иногда́ __________ в э́тот парк.

6) Ты всегда́ __________ пешко́м в шко́лу?

7) Аня, никогда́ не __________ туда́ одна́!

3. 운동동사 〈идти́ - ходи́ть〉를 활용하여 문장을 완성해 보세요.

1) Студе́нты ка́ждый день __________ в университе́т на авто́бусе.

2) Сего́дня в 6 часо́в мы __________ в кафе́.

3) Де́ти __________ в шко́лу пешко́м.

4) Куда́ ты __________?

5) Ники́та, никогда́ не __________ пешко́м.

6) Я ча́сто __________ в парк.

7) В час ты __________ на экску́рсию?

4. 운동동사 〈идти́-ходи́ть〉를 활용하여 대화를 완성해 보세요.

1) - До́брый день, Анна!

- Здра́вствуйте, Светла́на!

- Куда́ вы сейча́с __________ ?

- Я __________ в парк?

- Вы часто _________ в парк?

2) - Приве́т, Ка́тя!
- Приве́т, Ко́ля!
- Куда́ ты сейча́с _________ ?
- Я _________ в магази́н?
- Я то́же _________ в магази́н. Пойдём вме́сте.

3) - Приве́т! Жа́нна, куда́ ты идёшь?
- _____________ . А ты?
- ____________________.
- Ты ча́сто хо́дишь туда́?
- ____________________.
- Пойдём вме́сте.
- ______________.

4) - ____________________?
- В кино́. А ты?
- _________________.
- Дава́й встре́тимся ве́чером.
- _________________ ?
- В 7 часо́в.
- А где?
- _________________.
- Хорошо́.

5. 아래 질문들에 러시아어로 대답해 보세요.

1) Куда́ вы хо́дите в свобо́дное время́?

2) Куда́ лю́бят ходи́ть ва́ши роди́тели?

3) Куда́ лю́бит ходи́ть ваш брат (ва́ша сестра́)?

4) Куда́ лю́бят ходи́ть ва́ши друзья́?

5) Куда́ вы идёте сего́дня ве́чером?

6) Куда́ вы идёте, когда́ ко́нчится заня́тие?

7) Когда́ вы обы́чно хо́дите в библиоте́ку?

8) Когда́ вы обы́чно хо́дите в столо́вую?

9) Куда́ вы идёте в выходны́е?

10) Вы лю́бите ходи́ть пешко́м?

관용표현

Язы́к до Ки́ева доведёт

혀는 끼에프까지 통한다.
〈모르는 길이라도 물어서 가면 갈 수 있다는 표현이다〉

- Бо́рис, как ты меня́ нашёл?
- Я звонил, писал, спра́шивал у друзе́й и родны́х. **Язы́к до Ки́ева доведёт.**

MEMO

Урок 16

Я е́ду в дере́вню.
나는 시골로 갑니다.

운동동사 ехать - ездить

Куда́ вы сейча́с е́дете?	당신은 지금 어디로 가시는 중입니까?
Сейча́с мы е́дем в университе́т.	지금 우리는 학교로 가고 있습니다.
Ка́ждый день мы е́здим на рабо́ту.	매일 우리는 직장을 다닙니다.
Пое́дем на мо́ре вме́сте!	함께 바다로 가자!
В 8 часо́в идёт наш по́езд.	8시에 우리 기차가 옵니다.
Обы́чно на́ша семья́ е́здит сюда́ на маши́не.	보통 우리 가족은 여기로 차를 타고 다녀옵니다.

ПОЧИТАЕМ

Я е́ду в дере́вню

Сего́дня суббо́та, выходно́й. Ка́ждую суббо́ту мы е́здим в дере́вню, где живу́т на́ши ба́бушка и де́душка.

Она́ нахо́дится далеко́. Нам ну́жно е́хать на маши́не и́ли на по́езде.

Обы́чно на́ша семья́ е́здит туда́ на маши́не. У моего́ отца́ есть большо́й джип. Мы о́чень лю́бим е́здить на маши́не.

Но сего́дня у́тром мой оте́ц е́дет в командиро́вку в друго́й го́род. Мы не мо́жем пое́хать вме́сте.

Ма́ма предложи́ла: "Пое́демте в дере́вню на по́езде!" Мы обра́довались. Обы́чно мы о́чень ре́дко е́здим на по́езде.

Сего́дня у́тром в 7 часо́в мы е́дем на вокза́л. В 8 часо́в идёт наш по́езд.

나는 시골에 갑니다.

오늘은 토요일, 휴일입니다. 토요일마다 우리는 우리 할머니와 할아버지가 살고 계시는 시골로 갑니다.

시골은 먼 곳에 있습니다. 우리는 차 혹은 기차를 타고 가야합니다.

보통 우리 가족은 거기로 차를 타고 갑니다. 나의 아버지는 큰 지프차를 가지고 있습니다. 우리는 차로 다니는 것을 매우 좋아합니다.

하지만 오늘 아침에 나의 아버지는 다른 도시로 출장을 가십니다. 우리는 함께 가지 못합니다.

엄마가 "기차로 시골 가자!"라고 제안했습니다. 우리는 기뻤습니다. 보통 우리는 기차로는 매우 드물게 다닙니다.

오늘 아침 7시에 우리는 기차역으로 갑니다. 8시에 우리 기차가 출발합니다.

СЛОВАРЬ

дере́вня	시골, 농촌
выходно́й	휴일
далеко́	먼, 멀리
по́езд	기차
джип	지프차
командиро́вка	출장
предложи́ть (что? кому?)	제안하다
обра́доваться (кому? чему?)	기뻐하다
ре́дко	드물게

ПОГОВОРИМ

1. Куда́ обы́чно е́здит семья́ ка́ждую суббо́ту?	매주 토요일마다 보통 가족은 어디를 갑니까?
2. Где живу́т их ба́бушка и де́душка?	그들의 할머니와 할아버지는 어디에 사십니까?
3. На чём они́ обы́чно е́здят в дере́вню?	그들은 보통 무엇을 타고 시골에 갑니까?
4. На чём они́ лю́бят е́здить?	그들은 무엇을 타고 가는 것을 좋아합니까?
5. Куда́ сего́дня е́дет их оте́ц?	그들의 아버지는 오늘 어디를 가십니까?
6. Когда́ они́ е́дут на вокза́л?	그들은 언제 역으로 갑니까?
7. Когда́ идёт их по́езд?	그들의 기차는 언제 갑니까?
8. Почему́ они́ е́дут в дере́вню на по́езде?	왜 그들은 기차를 타고 시골로 갑니까?
9. Вы е́здили за го́род?	여러분은 시외로 가 본적이 있습니까?
10. Когда́ и на чём вы е́здили за го́род?	언제, 무엇을 타고 여러분은 시외를 다녀 왔습니까?

ДИАЛОГ

- Куда́ вы е́дете?
- Я е́ду в центр. А вы?
- На рабо́ту.
- Вы всегда́ е́здите на рабо́ту на маши́не?
- Нет. Иногда́ е́зжу на метро́.

- 당신은 어디를 가십니까?
- 저는 시내에 갑니다. 당신은요?
- 직장에 가는 길입니다.
- 당신은 항상 차를 타고 직장에 다니십니까?
- 아닙니다. 가끔은 지하철을 타고 다닙니다.

ГРАММАТИКА

1. 운동 동사 〈е́хать - е́здить〉

'어떤 장소를 향하여 가다, 오다'를 의미하는 동사를 운동동사라고 한다. 운동 동사 е́хать - е́здить는 '탈 것을 타고 가다, 오다'를 의미하는 동사로 е́хать는 '일정한 방향을 향하여 진행중인 단일 과정'을 의미하므로 정태동사, е́здить는 '왕복이나 복수 과정'을 의미하므로 부정태 동사라고 부른다.

인칭 \ 동사원형	**е́хать**	**е́здить**
я	**е́ду**	**е́зжу**
ты	**е́дешь**	**е́здишь**
он	**е́дет**	**е́здит**
мы	**е́дем**	**е́здим**
вы	**е́дете**	**е́здите**
они	**е́дут**	**е́здят**
과거형	**е́хал (-а, и)**	**е́здил (-а, и)**
명령형	Поезжа́й(те)!	
		Не е́зди(те)!

이 동사들의 운동 목표에 해당하는 '~로, ~을 향하여'는 전치사 'в/на + 대격'으로 나타낸다.

е́хать е́здить	куда́?	в университе́т в шко́лу в Сеу́л в Росси́ю в общежи́тие на рабо́ту на по́чту	대학교로 학교로 서울로 러시아로 기숙사로 직장으로 우체국으로	가다 다니다

2. 교통수단의 표현

운동 동사 ехать - ездить과 함께 쓰이는 교통수단은 〈전치사 на + 전치격〉으로 나타낸다.

е́хать е́здить	НА чём?	на авто́бусе на маши́не на по́езде на мотоци́кле на велосипе́де на метро́ на такси́	버스를 타고 차를 타고 기차를 타고 오토바이를 타고 자전거를 타고 지하철을 타고 택시를 타고

3. 운동의 단일과 복수 과정

단일 과정

Сейча́с я **е́ду** в университе́т.	오늘 나는 대학교로 (타고)간다.
Сего́дня мы **е́дем** в парк.	오늘 우리는 공원에 (타고)간다.

단일과정을 의미하는 단어와 결합: сейчас, сего́дня, в 2 часа́

куда́?
Я ⟶ в банк.
е́ду

복수 과정

Ка́ждый день я **е́зжу** в университе́т.	매일 나는 학교에 (타고)다닌다.
Они́ всегда́ **е́здят** в парк.	그들은 항상 공원에 (타고)다닌다.

복수과정을 의미하는 단어와 결합: ка́ждый день, всегда́, ча́сто, иногда́, ре́дко

куда?
Я ⇄ в банк.
е́зжу

ВЫРАЖЕНИЯ

Пое́дем в парк!	극장에 가자!
Пое́демте в парк!	극장에 갑시다!

ЗАДАНИЯ И УПРАЖНЕНИЯ

1. 아래 그림을 보고 보기와 같은 질문에 답해보세요.

〈보기〉
- Куда́ вы е́дете?
- Я е́ду ________________.

1)	2)	3)

4)	5)	6)

кре́мль, МГУ, Эрмита́ж, Колизе́й, Пирами́ды, Эйфе́лева ба́шня, Москва́, Санкт-Петербу́рг, Пари́ж, Рим, Кайр

2. 주어진 동사들을 활용하여 문장을 완성해 보세요.

а) <е́хать>

1) Куда́ вы __________ ?

2) Мы __________ на вокза́л в 2 часа́.

3) Де́ти __________ на мо́ре ве́чером.

4) Сейча́с я __________ на рабо́ту.

5) Ира __________ в шко́лу у́тром.

6) Ты __________ сего́дня в дере́вню?

б) <е́здить>

1) Мы ча́сто __________ в шко́лу.

2) Вы всегда́ __________ на мо́ре ле́том?

3) Я __________ в больни́цу ка́ждый день.

4) Ты ре́дко __________ в го́род?

5) Дени́с __________ ка́ждое у́тро в бассе́йн.

6) Студе́нты ка́ждое ле́то __________ в лес.

3. 운동동사 〈е́хать-е́здить〉를 활용하여 문장을 완성해 보세요.

1) Ната́ша и Серге́й ка́ждое ле́то __________ на мо́ре.

2) Приве́т, Макс! Ку́да ты __________?

3) Я ре́дко __________ на такси́.

4) Ро́вно в 11 часо́в мы __________ в музе́й.

5) Вы ча́сто __________ на метро́?

6) Ка́ждый день Оле́г __________ на рабо́ту.

7) Куда́ вы __________ сего́дня ве́чером?

4. 그림을 보고 보기와 같이 대화를 만들어 보세요.

〈보기〉
- На чём вы лю́бите е́здить?
- Я люблю́ е́здить на по́езде.

1)

2)

3)

4)

5)

6)

5. 아래 질문들에 러시아어로 대답해 보세요.

1) Скажи́те, вы лю́бите ходи́ть пешко́м? А ваш друг?

2) Куда́ вы обы́чно хо́дите пешко́м?

3) Как вы ду́маете, что поле́зно: е́здить на велосипе́де или ходи́ть пешко́м?

4) На чём вы лю́бите е́здить?

5) На чём лю́бит е́здить ваш друг?

6) На чём вы обы́чно е́здите в университе́т?

7) На чём в Коре́е обы́чно е́здят на рабо́ту?

8) Куда́ вы е́дете в выходны́е?

9) Куда́ вы обы́чно е́здите ле́том?

10) Куда́ вы обы́чно е́здите зимо́й?

관용표현

Ти́ше е́дешь - да́льше бу́дешь

급하면 돌아서 가라

〈급하게 일들을 서두르지 말고 편안하게 하라는 표현이다〉

- Нам ну́жно так мно́го сде́лать, но совсе́м нет вре́мени.
- Не спеши́, поду́май! **Ти́ше е́дешь - да́льше бу́дешь.**

MEMO

Урок 17

Ле́том я е́здил в Росси́ю.

여름에 나는 러시아에 다녀왔습니다.

운동동사와 быть 동사의 과거 용법

Ле́том я е́здил в Москву́.	여름에 나는 모스크바에 다녀왔습니다.
Вчера́ я ходи́л в парк.	어제 나는 공원에 다녀왔습니다.
Мы хоти́м пое́хать в Росси́ю.	우리는 러시아에 가고 싶습니다.
Я уже́ был в Аме́рике.	나는 이미 미국에 가봤습니다.
Я ви́дел Не́вский проспе́кт.	나는 넵스끼 대로를 보았습니다.
Он смо́трит на преподава́теля.	그는 선생님을 보고 있습니다.

ПОЧИТАЕМ

Я е́здил в го́род на Неве́

Влади́мир – мой ру́сский друг. Он сейча́с живёт в Санкт-Петербу́рге. Влади́мир у́чится в университе́те на 2 ку́рсе. Он изуча́ет англи́йский язы́к и исто́рию. Он о́чень хорошо́ говори́т по-англи́йски. Мы давно́ дру́жим.

Я о́чень люблю́ тури́зм. Я уже́ был в Аме́рике, в Евро́пе. Но никогда́ не был в Росси́и. Я студе́нт. Я изуча́ю ру́сский язы́к в университе́те, но ещё пло́хо говорю́ по-ру́сски.

Наконе́ц про́шлым ле́том я е́здил в Росси́ю, в Санкт-Петербу́рг. Я слы́шал, что э́то о́чень краси́вый го́род и хоте́л пое́хать и́менно туда́. Хорошо́, что там живёт мой друг.

Когда́ я был в Санкт-Петербу́рге, Влади́мир мне мно́го помога́л. Там я изуча́л ру́сский язык. Мы вме́сте ходи́ли в университе́т. Днём слу́шали ле́кции, чита́ли кни́ги в библиоте́ке. Ве́чером мно́го путеше́ствовали.

Ка́ждый день мы ходи́ли в центр. Я ви́дел Не́вский проспе́кт, Иса́акиевский собо́р, Ру́сский музе́й. Мы ходи́ли в Гости́ный двор. Днём мы е́здили в Эрмита́ж. Там я ви́дел краси́вые карти́ны и стари́нные скульпту́ры. Мы ча́сто ходи́ли в Мари́инский теа́тр. Я слу́шал о́перу "Русла́н и Людми́ла", смотре́л бале́т "Лебеди́ное о́зеро". Мы мно́го гуля́ли в па́рке. Ходи́ли на стадио́н.

Мы е́здили в го́род Пу́шкин. Мы ходи́ли в Петерго́ф. Была́ о́чень интере́сная экску́рсия. Петерго́ф – прекра́сный парк. Там я ви́дел сады́, дворцы́, фонта́ны. Я ви́дел, как жи́ли ру́сские цари́.

В Санкт-Петербу́рге я был то́лько 1 ме́сяц. Но бы́ло о́чень интере́сно. Я мно́го фотографи́ровал.

나는 네바강에 있는 도시에 다녀왔습니다.

블라지미르는 나의 러시아 친구입니다. 그는 지금 상트 뻬쩨르부르그에 살고 있습니다. 블라지미르는 대학교 2학년에 재학중입니다. 그는 영어와 역사를 배우고 있습니다. 그는 영어를 매우 잘합니다. 우리는 오래전부터 친하게 지내고 있습니다.

나는 여행을 매우 좋아합니다. 나는 이미 미국, 유럽을 다녀왔습니다. 하지만 러시아를 한번도 가 보질 못했습니다. 나는 대학생입니다. 나는 대학에서 러시아어를 배우고 있지만 아직 러시아어를 잘 하지 못합니다.

드디어 지난 여름에 나는 러시아 상트 뻬쩨르부르그에 다녀왔습니다. 나는 이곳이 매우 아름다운 도시라는 것을 들었고, 거기에 가보고 싶었습니다. 거기에 나의 친구가 살고 있어 좋았습니다.

내가 상트 뻬쩨르부르그에 있을 때 블라지미르는 나를 많이 도와주었습니다. 거기에서 나는 러시아어를 공부했습니다. 우리는 함께 대학을 다녔습니다. 낮에 우리는 강의를 듣고, 도서관에서 책을 읽었습니다. 저녁에는 많은 곳을 여행했습니다.

매일 우리는 시내에 갔습니다. 나는 넵스키 대로, 이삭 성당, 러시아 박물관을 보았습니다. 우리는 고스트느 드보르에 갔었습니다. 낮에 우리는 에르미따쉬를 다녀왔습니다. 거기에서 나는 아름다운 그림들과 고대 조각상들을 보았습니다. 우리는 자주 마린스키 극장을 다녔습니다. 나는 "루슬란과 루드밀라" 오페라를 보았으며, "백조의 호수" 발레를 보았습니다. 우리는 공원에서 산책을 많이 했습니다. 경기장을 다녀왔습니다.

우리는 뿌쉬낀 도시를 다녀왔습니다. 우리는 뻬쩨르고프를 다녀왔습니다. 매우 흥미로운 관광이었습니다. 뻬쩨르고프는 멋진 공원이었습니다. 거기에서 나는 정원들, 궁전들, 분수들을 보았습니다. 나는 러시아 황제들이 어떻게 살았는지를 보았습니다.

상트 뻬쩨르부르크에서 나는 한 달만 있었습니다. 하지만 매우 흥미로웠습니다. 나는 사진을 많이 찍었습니다.

СЛОВАРЬ

Исаа́киевский собо́р	이삭 성당	пое́здка	여행, 출장
фотографи́ровать (кого? что?)	사진을 찍다	Гости́ный двор (универмаг)	고스찌니 드보르 (백화점)
курс	과정, 코스	Не́вский проспе́кт	넵스끼 대로
дружи́ть (с кем?)	친하게 지내다	скульпту́ра	조각
тури́зм	관광, 유람	Лебеди́ное о́зеро	백조의 호수
Аме́рика	미국	стадио́н	경기장
Евро́па	유럽	дворе́ц	궁전
библиоте́ка	도서관	фонта́н	분수
путеше́ствовать	여행하다	царь	황제
Санкт-Петербу́рг	상트-뻬쩨르부르그	Эрмита́ж	에르미따쉬 박물관

ПОГОВОРИМ

1. Как вы ду́маете, кто гла́вный геро́й? Расскажи́те о нём.	여러분은 글의 주인공이 누구라고 생각합니까? 그에 대해서 이야기 해보세요.
2. Кто Владими́р?	블라지미르는 누구입니까?
3. Где он живёт?	그는 어디에 삽니까?
4. Где он у́чится? Что он изуча́ет?	그는 어느 학교를 다닙니까? 그는 무엇을 배웁니까?
5. Куда́ е́здил гла́вный геро́й?	이전에 주인공은 어디를 다녀왔습니까?
6. Где он был ле́том?	그는 여름에 어디에 있었습니까?
7. Что они́ де́лали в Санкт-Петербу́рге?	그들은 상트 뻬쩨르부르그에서 무엇을 했습니까?
8. Куда́ они́ ходи́ли и е́здили в свобо́дное вре́мя? Что они́ ви́дели?	그들은 여유시간에 어디를 다녔습니까? 그들은 무엇을 보았습니까?
9. Куда́ вы е́здили за грани́цу?	여러분은 외국 어디를 다녀왔습니까?
10. Что вы де́лали и ви́дели там?	여러분은 거기서 무엇을 하고 무엇을 보았습니까?

ДИАЛОГ

① - Ира, почему́ вы не́ были вчера́ на ле́кции? - Вчера́ я ходи́ла в больни́цу. - 이라, 당신은 왜 어제 강의시간에 오지 않았습니까? - 어제 저는 병원에 다녀왔습니다.
② - Са́ша, где ты был? Мы жда́ли тебя́ це́лый час. - Где? Когда́? - На стадио́не, в 6 часо́в. - А я забы́л. Я ходи́л в библиоте́ку. - 사샤, 너 어디 있었니? 우리는 한 시간 내내 너를 기다렸어. - 어디에서? 언제? - 경기장에서, 6시에. - 내가 깜박했어. 나는 도서관에 다녀왔어.
③ - Све́та, где ты была́? Я не ви́дела тебя́ на ле́кции. - Я не ходи́ла на ле́кцию. Я е́здила на вокза́л. - 스베따, 너는 어디에 있었니? 나는 너를 강의시간에 못봤어. - 나는 강의에 가지 않았어. 나는 기차역에 다녀왔어.
④ - Ди́ма, сего́дня в 10 часо́в я не ви́дел тебя́ на экску́рсии. Где ты был? - Я не́ был там. Я ходи́л в музе́й. - 지마, 나는 10시 견학시간에 너를 못봤어. 어디 있었어? - 나는 거기 없었어. 나는 박물관에 다녀왔어.

ГРАММАТИКА

1. 부정태 운동동사와 быть 동사의 과거 용법

동사 быть의 과거형은 '있었다'의 의미로 어떠한 장소를 '갔다왔다'의 의미로 해석될 수 있기 때문에 부정태 동사 ходи́ть, е́здить의 과거 의미와 동일하게 사용할 수 있다. 단 운동동사 ходи́ть, е́здить는 반드시 '전치사 в/на + 대격'을, 동사 быть는 '전치사 в/на + 전치격'을 뒤에 수반해야 한다.

1) Вчера́ Анна **ходи́ла** в университе́т. Вчера́ Анна **была́** в университе́те.	어제 안나는 학교에 다녀왔다.
2) Ра́ньше мы **е́здили** в цирк. Ра́ньше мы **бы́ли** в ци́рке.	예전에 우리는 서커스에 갔었다.

2. 동사 〈смотре́ть - ви́деть〉

동사 смотре́ть는 '(의식을 가지고, 의식적으로) 보다', 동사 ви́деть '(무의적으로) 보다'를 의미한다.

смотре́ть (что? на кого́? на что?)	ви́деть (что? кого?)
Он смо́трит фильм. Она́ смо́трит програ́мму. Он смо́трит на преподава́теля. Он смо́трит на до́ску.	Он хорошо́ ви́дит. Я совсе́м не ви́жу.
Он смотре́л э́то кино́.	Он ви́дел дру́га на у́лице.
Смотри́(те)!	

3. 동사 〈хоте́ть〉

동사 хоте́ть(원하다)는 인칭변화 시 단수형 변화에서 자음 -т- 가 -ч-로 교체하는 현상이 일어나며, 뒤에 원하는 목적형으로 명사 대격이나 동사원형이 올 수 있다.

인칭 \ 동사원형	хоте́ть
я	хоч**у́**
ты	хо́ч**ешь**
он, она, оно	хо́ч**ет**
мы	хот**и́м**
вы	хот**и́те**
они	хот**я́т**
과거형	**хоте́л, -ла, -ло, -ли**

хотéть	пойти́ поéхать	куда́?	в гóрод в дерéвню в селó

ЗАДАНИЯ И УПРАЖНЕНИЯ

1. 동사 〈быть - ходи́ть - éздить〉에 주목하면서 대화를 읽어보세요.

1) Где ты **был** вчера́?
- **Я был** в кинó.
- А что ты смотрéл?
- Фильм о спóрте.

2) Куда́ вы **ходи́ли** вчера́?
- Мы **ходи́ли** в теа́тр.
- А что вы смотрéли?
- Балéт о любви́.

3) Что вы дéлали в суббóту?
- Мы **бы́ли** в дерéвне.

4) Что вы дéлали во втóрник?
- **Я éздил** на рабóту.

2. 동사 〈быть, ходи́ть, éздить〉를 활용하여 문장을 완성해 보세요.

1) Вчера́ дети ______________ в па́рке.
2) Очень давнó он ______________ в Япóнию.
3) Вчера́ вéчером Мари́на ______________ в библиотéку.
4) В прóшлом годý роди́тели ______________ в Еврóпе.
5) Ра́ньше я ______________ в Росси́ю.

3. 동사 〈смотрéть - ви́деть〉를 활용하여 다음 대화를 완성해 보세요.

1) - Что ты дéлал дóма?
- ______________ фильм.

2) - Когó ты ______________ на стадиóне?
- Ни́ну и Бори́са.

3) - Что э́то на доскé?
- Я не ______________.

4) - Вы ______________ Са́шу? Что он дéлает?
- Он ______________ телеви́зор.

4. 다음 주어진 질문에 답해보세요.

a) 사진을 보고 참고단어를 활용하여 사람들이 어딜 다녀왔는지 보기와 같이 답해 보세요.

> 보기
> - Где он был?
> - Он был в Росси́и, в Москве́.

Москва́ - Росси́я	Пеки́н - Кита́й
Сеу́л - Коре́я	Рио-де-Жане́йро - Брази́лия
Нью-Йо́рк - Аме́рика	Санкт-Петербу́рг - Росси́я

1)	2)	3)

4)	5)	6)

б) 사진을 보고 외국인 대학생이 어디에서 무엇을 보았는지 말해 보세요.

1)	2)	3)

па́мятник Петру́ Пе́рвому	Исаа́киевский собор	Ру́сский музе́й
4)	5)	6)

Гости́ный двор	Эрмита́ж	Марии́нский теа́тр

5. 아래 질문들에 러시아어로 대답해 보세요.

1) Вы лю́бите путеше́ствовать?
2) Куда́ вы е́здили ле́том?
3) Что вы ви́дели во вре́мя путеше́ствия?
4) Где вы бы́ли ле́том?
5) Куда́ вы хоти́те пое́хать на кани́кулах?
6) Куда́ е́здила ва́ша семья́ в вы́ходные?
7) Что ва́ша семья́ ви́дела там?

8) Что там де́лала ва́ша семья́?

9) Куда́ лю́бят е́здить ва́ши роди́тели?

10) Куда́ лю́бят е́здить коре́йцы в свобо́дное вре́мя?

관용표현

Ехать (е́здить) за́йцем

무임승차하다
〈표를 사지않고 승차한 경우에 사용한다〉

- Ваш биле́т, пожа́луйста.
- У меня́ нет биле́та, извини́те.
- В тако́м слу́чае плати́те штраф. В тра́нспорте нельзя́ **е́здить за́йцем**. За безбиле́тный прое́зд - штраф.

Урок 18

Мы посмотре́ли бале́т.
우리는 발레를 보았습니다.

동사상

Це́лый день он чита́л э́ту кни́гу.	하루 종일 그는 이 책을 읽었습니다.
Ве́ра прочита́ла кни́гу и закры́ла её.	베라는 책을 읽고 그것을 덮었습니다.
Я хочу́ посмотре́ть э́тот бале́т.	나는 이 발레를 보고 싶습니다.
Сейча́с я смотрю́ футбо́л.	지금 나는 축구를 보고 있습니다.
За́втра я обяза́тельно посмотрю́ но́вости до конца́.	내일 나는 반드시 뉴스를 끝까지 볼 것입니다.
Они́ бу́дут смотре́ть кино́.	그들은 영화를 볼 것입니다.

ПОЧИТАЕМ

В теа́тре

Мои́ друзья́ о́чень лю́бят ходи́ть в теа́тр. В свобо́дное вре́мя они́ всегда́ хо́дят на спекта́кли, бале́ты, о́перы и конце́рты.

Мари́на о́чень лю́бит Большо́й теа́тр. Она́ всегда́ говори́т, что э́то лу́чший теа́тр в Росси́и. Здесь мо́жно посмотре́ть прекра́сные бале́ты, послу́шать изве́стные о́перы. В про́шлое воскресе́нье она́ то́же была́ в теа́тре. Она́ сказа́ла, что посмотре́ла бале́т "Лебеди́ное о́зеро".

Игорь лю́бит спекта́кли. Он ча́сто хо́дит в Драмати́ческий теа́тр Пу́шкина. Он говори́т, что там прекра́сные актёры и режиссёр. В суббо́ту он посмотре́л спекта́кль "Роме́о и Джулье́тта".

Оля лю́бит ходи́ть на конце́рты. Она́ у́чится в консервато́рии. Она́ пиани́стка. В свобо́дное вре́мя она́ слу́шает конце́рты в Консервато́рии и в выходны́е хо́дит в Филармо́нию. Она́ о́чень лю́бит Мо́царта, Вива́льди, Гли́нку. За́втра она́ пойдёт в Конце́ртный зал Чайко́вского. Оля о́чень хоте́ла послу́шать орке́стр Па́вла Ко́гана.

극장에서

나의 친구들은 극장에 다니는 것을 매우 좋아합니다. 여가시간에 그들은 항상 연극, 발레, 오페라와 음악회장으로 보러 다닙니다.

마리나는 볼쇼이극장을 매우 좋아합니다. 그녀는 이 극장이 러시아에서 가장 좋은 극장이라고 항상 말합니다. 여기에서는 훌륭한 발레들을 볼 수 있고, 유명한 오페라들을 들을 수 있습니다. 지난 일요일에 그녀는 역시 극장에 다녀왔습니다. 그녀는 발레 “백조의 호수”를 봤다고 말했습니다.

이고리는 연극을 좋아합니다. 그는 자주 뿌쉬낀 희극 극장을 다닙니다. 그는 거기에는 훌륭한 배우들과 감독들이 있다고 말합니다. 토요일에 그는 연극 “로미오와 줄리엣”을 보았습니다.

올랴는 콘서트장에 다니는 것을 좋아합니다. 그녀는 음악원에 다니고 있습니다. 그녀는 피아니스트입니다. 여가 시간에 그녀는 음악원에서 콘서트를 듣고 휴일에는 교향악단 음악회에 다닙니다. 그녀는 모차르트, 비발디, 글린까를 매우 좋아합니다. 내일 그녀는 차이코프스키 음악홀에 갈 것입니다. 올랴는 빠벨 꼬간의 오케스트라 연주를 듣는 것을 매우 좋아했습니다.

СЛОВАРЬ

спекта́кль	연극	режиссёр	감독
бале́т	발레	консервато́рия	음악원
о́пера	오페라	пиани́стка	피아니스트(여)
лу́чший	가장 좋은	филармо́ния	교향악단 음악회
драмати́ческий	희곡의, 극적인	орке́стр	오케스트라
актёр	배우	Лебеди́ное озеро	백조의 호수

ПОГОВОРИМ

1. Куда́ лю́бят ходи́ть друзья́ в свобо́дное вре́мя?	친구들은 여가 시간에 어디 다니는 것을 좋아합니까?
2. Что лю́бит Мари́на?	마리나는 무엇을 좋아합니까?
3. Куда́ она́ обы́чно хо́дит?	그녀는 보통 어디를 다닙니까?
4. Что мо́жно посмотре́ть в Большо́м теа́тре?	볼쇼이 극장에서 무엇을 볼 수 있습니까?
5. Что лю́бит Игорь?	이고리는 무엇을 좋아합니까?
6. Куда́ он ча́сто хо́дит?	그는 자주 어디를 다닙니까?
7. Почему́ он лю́бит Драмати́ческий теа́тр Пу́шкина?	왜 그는 뿌쉬낀 희극 극장을 좋아합니까?
8. Что лю́бит Оля?	올가는 무엇을 좋아합니까?
9. Куда́ она́ ча́сто хо́дит?	그녀는 어디를 자주 다닙니까?
10. Расскажи́те, куда́ вы лю́бите ходи́ть в свобо́дное вре́мя.	여러분은 여가 시간에 어디 다니는 것을 좋아하는 지 말해보세요.

ДИАЛОГ

① - Вы уже́ прочита́ли кни́гу? - Да, прочита́л. - Да́йте мне, пожа́луйста. - 당신을 책을 벌써 다 읽었습니까? - 네, 다 읽었습니다. - 저에게 책을 주십시오.
② - Ты уже́ написа́л? Мо́жешь, дать ру́чку? - Да, написа́л. Вот, пожа́луйста. - 너는 벌써 다 썼니? 펜 좀 줄 수 있니? - 응, 다 썼어. 여기 있어.
③ - Вы всё посмотре́ли? - Да, я посмотре́л програ́мму до конца́. Очень интере́сно. - 당신은 전부 다 봤습니까? - 네, 저는 프로그램을 끝까지 다 봤습니다. 매우 재미있었습니다.

ГРАММАТИКА

1. 동사상의 용법

1) 과거의 일반적 사실	완료된 행위
Я чита́ла кни́гу. 나는 책을 읽었다.	Я прочита́ла кни́гу. 나는 책을 다 읽었다.
2) 과거 반복된 행위	과거 일회성 행위
Обы́чно я встава́л в 7 часо́в. 보통 나는 7시에 일어났다.	Сего́дня я встал в 6 часо́в. 오늘 나는 6시에 일어났다.
3) 미래의 일반적 사실	미래에 종결하고자 하는 의지
За́втра я бу́ду писа́ть письмо́. 내일 나는 편지를 쓸 것이다.	За́втра я напишу́ письмо́. 내일 나는 편지를 다 쓸 것이다.

대부분의 러시아어 동사는 불완료상과 완료상의 쌍을 가진다. 일반적으로 불완료상은 행위 사실 자체나 진행 중인 행위, 반복, 습관적인 행위 등을 의미하며, 완료상은 완료된 일회성 행위를 가르킨다. 불완료상은 과거, 현제시제를 가지고, 미래는 'быть 동사 + 동사원형'의 형태로 나타내며, 완료상은 과거와 미래 시제만을 가진다.

※ 구문

불완료상과 함께 자주 쓰이는 구문	완료상과 함께 자주 쓰이는 구문
всегда́, иногда́, ча́сто, ре́дко, до́лго, два часа́, мно́го раз	одна́жды, вдруг, за два часа́, сра́зу, наконе́ц, неожи́данно, оди́н раз

2. 동사상의 구성

동사 상의 구분은 크게 접두사에 의한 방법, 어간의 변형 방법, 완전히 다른 어근 형태 방법으로 구분된다.

① 접두사에 의한 완료상 파생

불완료상	완료상	불완료상	완료상
чита́ть	**про**чита́ть	писа́ть	**на**писа́ть
слу́шать	**по**слу́шать	смотре́ть	**по**смотре́ть
ду́мать	**по**ду́мать	идти́	**пойти́**
за́втракать	**по**за́втракать	е́хать	**по**е́хать
есть	**съ**есть	де́лать	**с**де́лать
пить	**вы́**пить	учи́ть	**вы́**учить
знать	**у**зна́ть	ви́деть	**у**ви́деть
слы́шать	**у**слы́шать	хоте́ть	**за**хоте́ть

② 어간의 변형 방법

불완료상	완료상
да**ва́**ть	дать
вста**ва́**ть	встать
спра́ш**ива**ть	спроси́ть
брос**а́**ть	бро́с**и**ть
реш**а́**ть	реш**и́**ть
отвеч**а́**ть	отве́т**и**ть
начин**а́**ть(ся)	нач**а́**ть(ся)
конч**а́**ть(ся)	ко́нч**и**ть(ся)

③ 어근이 다른 상의 쌍

불완료상	완료상
брать	взять
говори́ть	сказа́ть
класть	положи́ть
сади́ться	сесть
ложи́ться	лечь

3. 동사 **хотеть** + (동사완료상, 동사불완료상)

동사 **хоте́ть** 뒤에는 완료상, 불완료상 동사 모두 쓰일 수 있다. 완료상 동사가 올 경우에는 화자의 원하는 것을 완료하고자 하는 의지가, 불완료상 동사가 올 경우에는 화자가 원하는 일반적인 사실을 의미한다.

		불완료상	완료상
Я	хочу́	идти́ е́хать говори́ть писа́ть чита́ть смотре́ть	пойти́ пое́хать сказа́ть написа́ть прочита́ть посмотре́ть

ЗАДАНИЯ И УПРАЖНЕНИЯ

1. 다음 문장들을 비교해보세요.

1) Я **реша́л** зада́чу.	Я **реши́л** зада́чу.
2) Я **смотре́л** кино́.	Я **посмотре́л** кино́.
3) Я **писа́л** письмо́.	Я **написа́л** письмо́.
4) Я **учи́л** слова́.	Я **вы́учил** слова́.

2. 동사들에 유의하면서 대화를 읽어보세요.

1) - Что вы де́лали вчера́ ве́чером? - Чита́л но́вый рома́н. Очень интере́сный.	- Ты уже́ прочита́л э́тот рома́н? Дай, пожа́луйста. - Возьми́, пожа́луйста.
2) - Почему́ ты не смотре́л э́тот фильм? - Я спал.	- Ты уже́ посмотре́л но́вости? - Нет.
3) - Что ты сего́дня де́лал? - Я де́лал дома́шнее зада́ние.	- Ты сде́лал дома́шнее зада́ние? - Нет, я де́лал, де́лал, но не сде́лал. Оно́ о́чень тру́дное.

3. 보기와 유사한 대화를 만들어 보세요.

〈보기〉
- Ната́ша, почему́ ты не пи́шешь упражне́ние?
- Я уже написа́ла его.

смотре́ть э́тот фильм	чита́ть э́тот рома́н	учи́ть но́вые слова́
писа́ть письмо́	реша́ть зада́чу	

4. 오른쪽 단어들을 활용하여 문장들을 완성해 보세요.

1) Ка́ждый день Бори́с ______________ журна́лы.	покупа́ть-купи́ть
2) Вчера́ Ма́ша __________ письмо́ и посла́ла его.	писа́ть-написа́ть
3) Обы́чно мы ____________ но́вости в 9 часо́в, а сего́дня _____________ в 6 часо́в.	смотре́ть-посмотре́ть
4) Мы о́чень хоти́м _________ "Лебеди́ное о́зеро".	смотре́ть-посмотре́ть
5) Вчера́ мы ____________ э́тот конце́рт до конца́.	слу́шать-послу́шать
6) Я ра́ньше никогда́ не ____________ любо́вный рома́н.	чита́ть-прочита́ть
7) Ле́том я __________ рома́н Толсто́го "Война́ и мир" до конца́.	чита́ть-прочита́ть
8) Сего́дня у́тром я наконе́ц ____________ заря́дку и пошёл на рабо́ту.	де́лать-сде́лать
9) Ре́дко он ____________ об учёбе.	ду́мать-поду́мать
10) Оди́н раз Ната́ша _________ меня́ об Анто́не.	спра́шивать-спроси́ть
11) В воскресе́нье я обы́чно _____________ ра́но.	встава́ть - встать

5. 아래 질문들에 러시아어로 대답해 보세요.

1) Куда́ вы обы́чно хо́дите?

2) Что вы там де́лаете?

3) Куда́ вы ходи́ли в э́то воскресе́нье?

4) Что вы там сде́лали?

5) Что вы обы́чно де́лаете у́тром?

6) Что вы обы́чно де́лаете днём?

7) Что вы обы́чно де́лаете ве́чером?

8) Что вы де́лали вчера́?

9) Куда́ обы́чно хо́дит ваш друг (ва́ша подру́га) в выходны́е?

10) Куда́ вчера́ ходи́л ваш друг (ва́ша подру́га)?

관용표현

Сде́лал де́ло - гуля́й сме́ло

일을 마치고 산책해라
〈먼저 자신의 일을 마친 후로 쉬라는 표현이다〉

- Ма́ма, я хочу́ посмотре́ть телеви́зор?
- Ко́ля, а ты сде́лал уро́ки?
- Ещё нет.
- Ты же зна́ешь, **сде́лал де́ло - гуля́й сме́ло.** Снача́ла - дома́шнее зада́ние, пото́м - о́тдых.

MEMO

Урок 19

Мы приéхали в Санкт-Петербýрг.
우리는 상트 뻬쩨르부르그에 도착했습니다.

접두사 + 운동동사 (1)

Я приéхал в Санкт-Петербýрг.	나는 상트 뻬쩨르부르그에 도착했습니다.
Я уéхал из Москвы́.	나는 모스크바에서 떠났습니다.
Мы пошли́ на плóщадь.	우리는 광장으로 갔습니다.
Они пришли́ на вокзáл.	그들은 기차역에 도착했습니다.
Пóезд прихóдит на перрóн.	기차는 플랫폼으로 도착하고 있습니다.
Мы приéхали домóй с концéрта.	우리는 음악회에서 집으로 돌아왔습니다.

ПОЧИТАЕМ

В Санкт-Петербу́рге

Вчера́ я встал ра́но у́тром в 6 часо́в, поза́втракал, вы́пил ко́фе и пое́хал на вокза́л. Я давно́ хоте́л посмотре́ть Санкт-Петербу́рг.

Я уе́хал из Москвы́ на по́езде "Кра́сная стрела́" ро́вно в 7 часо́в. В 3 часа́ я прие́хал в Санкт-Петербу́рг и сра́зу пошёл на пло́щадь. Я слы́шал, что здесь начина́ется Не́вский проспе́кт, гла́вная у́лица в го́роде.

Я всегда́ хоте́л погуля́ть по Не́вскому проспе́кту. Здесь нахо́дятся изве́стные зда́ния, стари́нные хра́мы, больши́е магази́ны, популя́рные рестора́ны и кафе́, музе́и и теа́тры. Я пообе́дал в Литерату́рном кафе́ и пошёл да́льше. Меня́ ждала́ Дворцо́вая пло́щадь и Эрмита́ж.

В 4 часа́ я пришёл на пло́щадь и пошёл сра́зу в музе́й. 2 часа́ я гуля́л в музе́е. Я посмотре́л вы́ставку "Италья́нские худо́жники. 19 век". Бы́ло о́чень интере́сно.

Ве́чером я пошёл в Мари́инский теа́тр. Я посмотре́л бале́т "Русла́н и Людми́ла". Пото́м поу́жинал и пое́хал на авто́бусе смотре́ть ночно́й го́род.

Я не спал всю ночь. Ра́но у́тром меня́ ждал по́езд в Москву́. Я уе́хал из Санкт-Петербу́рга в 6 часо́в. В 2 часа́ я был уже́ в Москве́. Я сра́зу пое́хал домо́й.

Не́вский проспе́кт

Дворцо́вая пло́щадь и Эрмита́ж

Мари́инский теа́тр

상트 뻬쩨르부르그에서

어제 나는 아침 일찍 6시에 일어나서 아침을 먹고 커피를 마신 뒤 기차역으로 갔습니다. 나는 오래전부터 상트 뻬쩨르부르그를 보고 싶었습니다.

나는 정확히 7시에 모스크바에서 "붉은 화살" 기차로 떠났습니다. 3시에 나는 상트 뻬쩨르부르그에 도착했고 바로 광장으로 갔습니다. 나는 여기에서 이 도시에 중심 거리인 넵스끼 대로가 시작된다고 들었습니다.

나는 항상 넵스끼 대로를 따라 산책을 하고 싶었습니다. 여기에는 유명한 건물들, 오래된 사원들, 큰 상점들, 인기있는 레스토랑들과 카페, 박물관, 극장들이 위치해 있습니다. 나는 문학 카페에서 점심을 먹고 계속 갔습니다. 궁정광장과 에르미따쉬 박물관이 나를 기다리고 있었습니다.

4시에 나는 광장에 도착해서 바로 박물관으로 갔습니다. 2시간 동안 나는 박물관을 둘러보았습니다. 나는 "19세기 이탈리아 화가들" 전람회를 보았습니다. 매우 흥미로웠습니다.

저녁에 나는 마린스키 극장으로 갔습니다. 나는 "루슬란과 류드밀라" 발레를 봤습니다. 그 뒤에 저녁을 먹고 버스를 타고 밤의 도시를 둘러보러 갔습니다.

나는 밤새 잠을 자지 않았습니다. 아침 일찍 모스크바로 가는 기차가 나를 기다리고 있었습니다. 나는 6시에 상트 뻬쩨르부르그를 떠났습니다. 2시에 나는 벌써 모스크바에 와있었습니다. 나는 바로 집으로 갔습니다.

СЛОВАРЬ

Кра́сная стрела́	붉은 화살
начина́ться	시작되다
гла́вный	주요한
храм	사원
популя́рный	인기있는
вы́ставка	전람회, 박람회
италья́нский	이탈리아의
худо́жник	화가
Мари́инский теа́тр	마린스키 극장
ночно́й	밤의

ПОГОВОРИМ

1. Куда́ он всегда́ хоте́л пое́хать?	그는 어디를 가길 원했습니까?
2. Когда́ он уе́хал из Москвы́?	그는 모스크바에서 언제 떠났습니까?
3. Когда́ он прие́хал в Санкт-Петербу́рг?	그는 상트 뻬쩨르부르그에 언제 도착했습니까?
4. Ско́лько он гу́лял в Эрмита́же?	그는 에르마따쉬 박물관에서 얼마동안 산책했습니까?
5. Что он ви́дел в Эрмита́же?	그는 에르마따쉬 박물관에서 무엇을 보았습니까?
6. Что он посмотре́л в теа́тре?	그는 극장에서 무엇을 보았습니까?
7. Что он де́лал но́чью?	그는 밤에 무엇을 했습니까?
8. Когда́ он прие́хал в Москву́?	그는 언제 모스크바에 도착했습니까?
9. Когда́ вы прие́хали в университе́т сего́дня?	오늘 여러분은 언제 학교에 도착했습니까?
10. Когда́ вы уе́дете из университе́та домо́й?	여러분은 언제 학교에서 집으로 갈 것입니까?

ДИАЛОГ

① - Я приезжа́л к тебе́, но тебя́ не было до́ма.
- Из до́ма я ушёл ра́но и пришёл домо́й по́здно ве́чером.
- А куда́ ты ходи́л?
- В кинотеа́тр "Худо́жественный". Ди́ма, а куда́ ты ходи́л?
- Я был на стадио́не.
- Кто там игра́л?
- "Дина́мо" и "Спарта́к".

- 나는 어제 너에게 갔었는데 넌 집에 없더라구.
- 나는 집에서 일찍 나갔다가 저녁 늦게 집에 돌아왔어.
- 어디 다녀왔니?
- “예술” 영화관에. 지마, 너는 어디 갔다 왔니?
- 나는 경기장에 다녀왔어.
- 거기에 누가 시합을 했어?
- “지나모와 스빠르따크”야.

② - Мари́на, что ты де́лала в суббо́ту?
- Мы с друзьями е́здили в Яросла́вль. Это о́чень краси́вый го́род на берегу́ Во́лги. Была́ прекра́сная пого́да. Мы мно́го гуля́ли.
- Когда́ вы уе́хали из до́ма?
- Мы уе́хали в 5 часо́в утра́. Мы прие́хали на остано́вку че́рез час и пое́хали на авто́бусе.
- А вы ходи́ли в Яросла́вский кремль?
- Да, коне́чно. Мы посмотре́ли все вы́ставки в Кремле́, а пото́м пошли́ в музе́й. Домо́й прие́хали по́здно ве́чером.

- 마리나, 너는 토요일날 무엇을 했니?
- 나는 친구들과 함께 야로슬라블에 다녀왔어. 이곳은 볼가강 유역에 있는 매우 아름다운 도시야. 매우 좋은 날씨였어. 우리는 오랫동안 산책했어.
- 너희들은 언제 집에서 나갔니?
- 우리는 아침 5시에 나왔어. 우리는 한 시간 뒤에 정류장에 도착해서 버스를 타고 출발했어.
- 너희들은 야로슬라블 끄레믈에 가봤니?
- 응, 물론이지. 우리는 끄레믈에서 모든 전시물들을 봤고, 그 뒤에 박물관으로 갔었어. 저녁 늦게서야 집에 도착했어.

ГРАММАТИКА

1. 접두사 + 운동동사

정태동사 идти́, е́хать에 접두사를 붙으면 완료상이 되고, 부정태동사 ходи́ть, е́здить에 접두사가 붙으면 불완료상이 된다.

приходи́ть - прийти́ (걸어서) 도착하다 приезжа́ть - прие́хать (타고) 도착하다	→ куда́?	в музе́й, в библиоте́ку на вы́ставку, на рабо́ту
уходи́ть - уйти́ (걸어서) 떠나다 уезжа́ть - уе́хать (타고) 떠나다	← отку́да?	из музе́я, из библиоте́ки, с вы́ставки, с рабо́ты

2. 전치사 **из, с**의 용법

운동동사와 주로 함께 쓰이는 전치사로는 〈**в/на** + 대격, **из/с** + 생격〉이 있다. 〈**в/на** + 대격〉은 '운동의 목표'를 나타내고, 〈**из/с** + 생격〉은 '운동의 출발점'을 나타낸다.

куда́?		отку́да?	
в магази́н	상점으로	**из** магази́н**а**	상점에서
в шко́л**у**	학교로	**из** шко́л**ы**	학교에서
на конце́рт	음악회로	**с** конце́рт**а**	음악회에서
на вы́ставк**у**	전시회로	**с** вы́ставк**и**	전시회에서

ЗАДАНИЯ И УПРАЖНЕНИЯ

1. 다음 문장들을 비교해서 읽어보세요.

1) Ка́ждый день я **приезжа́л** в библиоте́ку в 2 часа́.	Сего́дня я **прие́хал** в библиоте́ку в 3 часа́.
2) Обы́чно я **уезжа́л** из университе́та в 5 часо́в.	Сего́дня я **уе́хал** из университе́та в 6 часо́в.
3) Часто я **приходи́л** на вы́ставку ве́чером.	Сего́дня я **пришёл** на вы́ставку ве́чером.
4) Обы́чно я уходи́л с вы́ставки по́здно.	Сего́дня я **ушёл** с вы́ставки ра́но.

2. 주어진 질문에 답해보세요.

1) Куда́ прие́хали студе́нты?	Москва́, Сеу́л, Росси́я, Коре́я, Аме́рика, Кита́й, парк, пло́щадь, проспе́кт, университе́т, дом
2) Куда́ они́ пришли́?	библиоте́ка, теа́тр, музе́й, вы́ставка, кино́, кафе́, рабо́та

3) Куда́ они́ поéхали?	мóре, больни́ца, универма́г, Фра́нция, Испа́ния, банк
4) Куда́ она́ пошла́?	у́лица, ры́нок, магази́н, пóчта, шкóла
5) Откýда они́ уéхали?	Санкт-Петербу́рг, Владивостóк, Корéя, Росси́я, университéт, шкóла
6) Откýда они́ ушли́?	дом, магази́н, больни́ца, вы́ставка, ры́нок, универма́г, библиотéка

3. 보기와 같이 문장을 바꿔보세요.

〈보기〉
Оля вошла́ в кóмнату.
→ Она́ вы́шла из кóмнаты.

1) Жéня уéхал из гóрода в 2 часа́.

→ ______________________________.

2) Антóн пришёл в университéт в 2 часа́.

→ ____.

3) Мы подошли́ к музéю в 3 часа́.

→ ______________________________.

4) Все вы́шли из вагóна.

→ ______________________________.

5) Макси́м приéхал на ста́нцию "Парк культу́ры".

→ ____.

6) Они́ вошли́ в метрó.

→ ______________________________.

4. 주말에 여러분은 상뜨 뻬쩨르부르그에 다녀왔습니다. 다음 주어진 표에 맞춰 운동 동사들을 활용하여 이야기 해보세요.

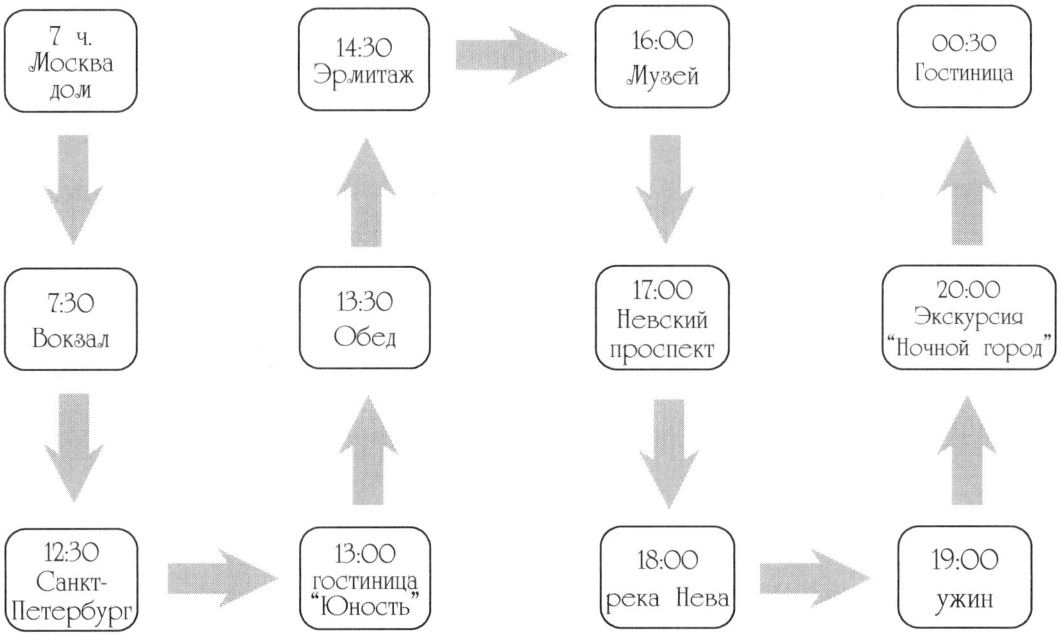

5. 아래 질문들에 러시아어로 대답해 보세요.

1) В како́й росси́йский го́род вы хоти́те пое́хать?
2) Почему́ вы вы́брали э́тот го́род?
3) Расскажи́те, что вы зна́ете о Москве́?
4) Что вы хоти́те посмотре́ть в Москве́?
5) Расскажи́те, что вы зна́ете о Санкт-Петербу́рге.
6) Что вы хоти́те посети́ть в Санкт-Петербу́рге?
7) Расскажи́те о ва́шем родно́м го́роде.
8) Что мо́жно посмотре́ть в ва́шем го́роде?
9) На чём мо́жно дое́хать до ва́шего го́рода?
10) Како́й го́род в Коре́е вам осо́бенно нра́вится? Почему́?

관용표현

Верте́ться как бе́лка

동분서주하다
〈여러가지 일들로 매우 바쁜 상황을 표현한다〉

- Я тебя́ давно́ не ви́дел. Как дела́? Как рабо́та?
- Ми́ша, мно́го рабо́ты, ча́стые команди́ро́вки, **верчу́сь как бе́лка.**

MEMO

Урок 20

В 12 часо́в мы выезжа́ем из го́рода.
12시에 우리는 도시에서 나옵니다.

접두사 + 운동동사 (2)

Мы выезжа́ем из до́ма.	우리는 집에서 나옵니다.
Студе́нты выхо́дят из аудито́рии.	학생들은 강의실에 나옵니다.
По́езд отошёл от перро́на.	기차는 플랫폼에서 멀어졌습니다.
Войди́те, пожа́луйста!	들어가십시요!
Они́ пришли́ домо́й.	그들은 집으로 왔습니다.
Мы дое́хали до до́ма.	우리는 집까지 갔습니다.

ПОЧИТАЕМ

"Золото́е кольцо́"

Здра́вствуйте, дороги́е тури́сты! Разреши́те предста́виться. Меня́ зову́т Ната́ша. Я ваш экскурсово́д. Сего́дня я бу́ду с ва́ми це́лый день. Снача́ла я расскажу́ о на́шей экску́рсии.

Програ́мма называ́ется "Золото́е кольцо́ Росси́и". "Золото́е кольцо́ Росси́и" – это 8 городо́в (Се́ргиев Поса́д, Пересла́вль-Зале́сский, Росто́в, Яросла́вль, Кострома́, Ива́ново, Су́здаль и Влади́мир), кото́рые нахо́дятся о́коло Москвы́. Это стари́нные города́, где и сейча́с мо́жно уви́деть традицио́нный ру́сский быт.

Снача́ла мы пое́дем с ва́ми в Се́ргиев Поса́д. Это ма́ленький го́род, кото́рый изве́стен тем, что здесь нахо́дится дре́вний монасты́рь Тро́ице-Се́ргиева ла́вра. Монасты́рь – резиде́нция Патриа́рха Росси́и.

В 12 часо́в мы выезжа́ем из го́рода и е́дем во Влади́мир. Влади́мир – большо́й, совреме́нный го́род, администрати́вный и культу́рный центр. В го́роде мы погуля́ем по Моско́вской у́лице. Посмо́трим Успе́нский собо́р, Золоты́е воро́та.

В 6 часо́в мы выезжа́ем в Су́здаль. Су́здаль – ма́ленький стари́нный городо́к, где мо́жно уви́деть краси́вые це́ркви и дре́вний Кремль. Весь ве́чер мы пробу́дем в го́роде.

В 9 часо́в мы выезжа́ем домо́й.

Владими́р. Золоты́е воро́та

Сузда́ль. Кре́мль

황금 고리

친애하는 관광객 여러분, 안녕하십니까! 제 소개를 하겠습니다. 제 이름은 나따샤입니다.

저는 여러분들의 가이드입니다. 오늘 저는 여러분들과 하루 종일 함께 할 것입니다. 먼저 제가 여러분의 관광에 대해 말씀드리겠습니다.

프로그램의 이름은 "러시아의 황금 고리"입니다. "러시아의 황금 고리"는 모스크바 근처에 위치하고 있는 8개의 도시들(세르기예프 빠사드, 뻬레슬라블-자레스, 로스또프, 야로슬라블, 꼬스뜨로마, 이바노보, 수즈달과 블라지미르)을 말합니다. 이곳은 지금도 전통적인 러시아 생활풍습을 볼 수 있는 고대 도시들입니다.

먼저 우리는 세르기예프 빠사드로 갈 것입니다. 이곳은 고대 수도원인 세르게이예프 삼위일체 대수도원이 있는 곳으로 유명한 작은 도시입니다. 수도원은 러시아 총주교의 거주지입니다.

12시에 우리는 도시에서 나가 블라지미르로 갈 것입니다. 블라지미르는 큰 현대도시이며 행정과 문화의 중심지입니다. 도시에서 우리는 모스꼬프스까야 거리를 따라 산책을 할 것입니다. 우스뻰스끼 성당과 황금 문들을 보게 될 것입니다.

6시에 우리는 수즈달로 갈 것입니다. 수즈달은 아름다운 작은 교회들과 고대성을 볼 수 있는 작은 도시입니다. 저녁 내내 우리는 도시에 있을 것입니다.

9시에 우리는 집으로 출발 할 것입니다.

Се́ргиев Поса́д. Тро́ице-Се́ргиева ла́вра

СЛОВАРЬ

золото́й	황금의	ма́ленький	작은
кольцо́	고리	дре́вний	고대의
тури́ст	관광객	монасты́рь	수도원
разреши́ть	허락하다	ла́вра	대수도원
предста́виться (кому?)	소개하다	резиде́нция	거주지
экскурсово́д	관광가이드	выезжа́ть (куда?)	(타고)나가다
рассказа́ть(кому?; что?)	이야기하다	администрати́вный	행정의
програ́мма	프로그램	культу́рный	문화의
называ́ться	부르다, 명명하다	собо́р	성당
традицио́нный	전통적인	воро́та	문
быт	생활풍습	патриа́рх	총주교

ПОГОВОРИМ

1. Как зову́т экскурсово́да?	가이드의 이름은 무엇입니까?
2. Как называ́тся програ́мма?	프로그램 이름이 어떻게 됩니까?
3. Куда́ они́ хо́чется пое́хать?	그들은 어디를 가길 원합니까?
4. Расскажи́те о Се́ргиевом Поса́де. Како́й э́то го́род?	세르게이 빠사드에 대해 말해보세요. 이 도시는 어떠합니까?
5. Что мо́жно посмотре́ть в э́том го́роде?	이 도시에서 무엇을 볼 수 있습니까?
6. Что тако́е Троице-Сергиева ла́вра?	세르게이예프 삼위일체 대수도원은 무엇입니까?
7. Когда́ тури́сты выезжа́ют во Владими́р?	관광객들은 블라지미르로 언제 나옵니까?
8. Расскажи́те о Владими́ре. Како́й э́то го́род?	블라지미르에 대해 말해보세요. 이 도시는 어떤 도시입니까?
9. Когда́ тури́сты выезжа́ют в Сузда́ль?	관광객들은 언제 수즈달로 나옵니까?
10. Что нахо́дится в э́том го́роде?	이 도시에는 무엇이 있습니까?

ДИАЛОГ

① - Скажи́те, пожа́луйста, как пройти́ к теа́тру?
- Иди́те пря́мо, пото́м поверни́те напра́во.
- Большо́е спаси́бо.

- 극장으로 어떻게 가는 지 말씀해 주시겠습니까?
- 똑바로 가십시오, 그 뒤에 오른쪽으로 돌아가세요.
- 대단히 감사합니다.

② - Скажи́те, пожа́луйста, как пройти́ к музе́ю?
- Снача́ла иди́те по проспе́кту пря́мо до поворо́та, пото́м нале́во до по́чты, о́коло по́чты вы уви́дите музе́й.
- Благодарю́ вас.

- 박물관으로 어떻게 가는 지 말씀해 주시겠습니까?
- 먼저 대로를 따로 똑바로 길모퉁이까지 가신 후에 왼쪽으로 우체국까지 가십시오. 우체국 근처에서 박물관이 보일 것입니다.
- 감사합니다.

③ - Скажи́те, пожа́луйста, как прое́хать к университе́ту?
- Вам на́до сесть на авто́бус №5 и прое́хать четы́ре остано́вки.
- Спаси́бо.

- 대학교까지 어떻게 가는 지 말씀해 주시겠습니까?
- 5번 버스를 타고 네 개의 정거장을 지나가시면 됩니다.
- 감사합니다.

④ - Скажи́те, пожа́луйста, как дое́хать до це́нтра?
- Вам на́до сесть на авто́бус и прое́хать до остано́вки "Центр".
- Большо́е спаси́бо.

- 시내까지 어떻게 가는 지 말씀해 주시겠습니까?
- 버스를 타고 "Центр" 정류장까지 가시면 됩니다.
- 대단히 감사합니다.

⑤ - Когда́ ты ухо́дишь с рабо́ты?
- Из фи́рмы я обы́чно выхожу́ в 6 часо́в и сра́зу е́ду домо́й.

- 너는 언제 직장에서 퇴근하니?
- 회사에서 나는 보통 6시에 퇴근해서 곧장 집으로 가.

ГРАММАТИКА

1. 접두사 + 운동동사

운동동사에 어떤 접두사가 붙느냐에 따라 다음과 같이 다양한 의미를 지닌다. '접두사 +운동동사들'은 뒤에 다양한 전치사들을 수반하므로 함께 익혀두는 것이 좋다.

접두사 + 운동동사	전치사	의미
входи́ть - войти́ (куда, откуда?)	в/на + 대격	~에 들어가다
выходи́ть - выйти́ (откуда, куда?)	из/с + 생격	~에서 나오다
приходи́ть - прийти́ (куда, откуда, к кому?)	в/на + 대격 к + 여격	~에 도착하다(장소) ~에게 오다(사람)
уходи́ть - уйти́ (откуда, куда, к кому?)	из/с + 생격 от + 생격	~에서 떠나다(장소) ~을 떠나다(사람)
подходи́ть - подойти́ (к кому, к чему?)	к + 여격	~에 접근하다
отходи́ть - отойти́ (от кого, от чего?)	от + 생격	~에서 떠나다, 멀어지다

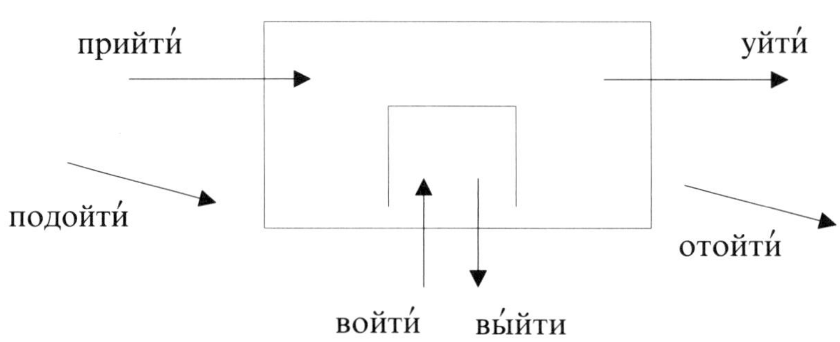

2. 장소와 관련된 생격을 지배하는 전치사

до	чего? кого?	~까지
у		~옆에
о́коло		~옆에, 근처에
напро́тив		맞은편, 반대편
из		~에서
от		~로부터(출발점)
с		~에서

ЗАДАНИЯ И УПРАЖНЕНИЯ

1. 오른쪽 단어들을 활용하여 문장을 완성해 보세요.

1) Как дойти́ (дое́хать) до __________________________.	магази́н, по́чта, банк, шко́ла, ры́нок, университе́т, вы́ставка, музе́й
2) Как пройти́ (прое́хать) к __________________________.	теа́тр, консервато́рия, метро́, парк, ста́нция, универма́г

2. 동사와 전치사에 유의하면서 문장을 비교해서 읽어보세요.

при-	приходи́ть - прийти́	Ка́ждый день мы приходи́ли в университе́т в 8 часо́в. Но сего́дня пришли́ в 9 часо́в.
	приезжа́ть - прие́хать	Друзья́ всегда́ приезжа́ют к нам ра́но, а сего́дня прие́хали по́здно.
у-	уходи́ть - уйти́	Они́ всегда́ уходи́ли из университе́та в 5 часо́в, а сего́дня ушли́ в 6 часо́в.
	уезжа́ть - уе́хать	Ка́ждое ле́то мы уезжа́ли от ба́бушки в а́вгусте, в э́тот раз мы уе́хали от неё в ию́ле.
под-	подходи́ть - подойти́	Она́ всегда́ подходи́ла к до́му в час. Сего́дня она́ подошла́ к до́му в 2 часа́.
	подъезжа́ть - подъе́хать	Ча́сто я подъезжа́л к её дому́ и остана́вливался, но сего́дня подъе́хал и не останови́лся.

от-	отходи́ть - отойти́	По́езд всегда́ отхо́дит от вокза́ла в 6, но сего́дня отошёл в 6:30.
	отъезжа́ть - отъе́хать	Обы́чно авто́бус на Сама́ру отъезжа́ет от вокза́ла ро́вно в 10, но сего́дня отъе́хал в 10:10.
в (во)-	входи́ть - войти́	Ка́ждый раз он входи́л к нам и гро́мко здоро́вался, но сего́дня он вошёл и ти́хо пошёл к себе́.
	въезжа́ть - въе́хать	Его́ маши́на всегда́ въезжа́ла в гара́ж пе́рвой, но сего́дня он въе́хал после́дний.
вы-	выходи́ть - выйти́	Он всегда́ выхо́дит из до́ма ра́но, но сего́дня он вы́шел по́здно.
	выезжа́ть - вы́ехать	Ка́ждый день мы выезжа́ли из до́ма на маши́не отца́. А сего́дня вы́ехали на маши́не ма́мы.

3. 괄호 속 단어를 올바른 형태로 고쳐 문장을 완성해 보세요.

1) Как дойти́ до _________ (библиоте́ка)?
2) По́езд отхо́дит от _________ (вокза́л) в 7 часо́в.
3) Они́ живу́т о́коло _________ (парк).
4) Банк нахо́дится напро́тив _________ (больни́ца).
5) Мы бы́ли у ________ (де́душка) в _________ (дере́вня).
6) Ле́том мы е́здили к _________ (тётя).
7) Она́ стои́т у _________ (доска́).
8) Ро́вно в 9 мы вы́шли с _________ (вы́ставка).

4. 다음 주어진 질문에 답해보세요.

a) 적합한 접두사 при-, у-, в-, вы-, под- , от-를 넣어 문장을 완성해 보세요.

1) Ра́но у́тром мы _____шли из до́ма и се́ли в маши́ну. Мы _____е́хали на да́чу.

2) Заня́тия ко́нчились, и они́ _____шли из аудито́рии.

3) Они́ _____е́хали до теа́тра, _____шли из авто́буса.

4) К нам в го́сти _____шла ба́бушка.

5) - Где вы встре́тились?

- Я _____шёл к её до́му.

6) Мы _____е́хали на вокза́л в 2 часа́. Ро́вно в 2:30 к перро́ну _____шёл наш по́езд. Мы _____шли в него́. В 2:45 по́езд ____шёл от вокза́ла.

б) 전치사 у, о́коло, до, к를 넣어 대화를 완성해 보세요.

- Сего́дня ве́чером я пое́ду ___ бра́ту. Он живёт ___ па́рка. Ве́чером мы пойдём в парк. Хо́чешь пойти́ с на́ми?

- Коне́чно.

- Дава́й встре́тимся ___ па́рка.

- А как дое́хать ___ па́рка?

- На авто́бусе №15.

5. 아래 질문들에 러시아어로 대답해 보세요.

1) Опиши́те ваш путь до университе́та. Когда́ вы выхо́дите из до́ма?

2) Куда́ идёте пото́м?

3) На чём вы обы́чно е́здите в университе́т?

4) Когда́ вы подхо́дите (подъезжа́ете) к университе́ту?

5) С кем вме́сте вы хо́дите по ко́рпусу?

6) Когда́ вы ухо́дите из университе́та домо́й?

7) Куда́ вы обы́чно хо́дите по́сле заня́тий?

8) Когда́ обы́чно вы прихо́дите домо́й из университе́та?

9) Ско́лько вре́мени вы тра́тите на доро́гу из до́ма в университе́т?

10) Что вы де́лаете до́ма?

관용표현

В гостя́х хорошо́, а до́ма лу́чше

우리 집이 최고다

〈어느 곳을 가든지 집만큼 편한 곳이 없다는 표현이다〉

- Ди́ма, ты до́лго жил за грани́цей?
- Макс, я не был до́ма уже́ 2 го́да. Я о́чень скуча́л по до́му, родны́м и друзья́м. **В гостя́х хорошо́, а до́ма лу́чше.**

Урок 21

Времена́ го́да.

계절.

무인칭문, 가정접속사 Если

Если бу́дет хоро́шая пого́да, (то) я пойду́ в парк.	만일 날씨가 좋다면, 나는 공원에 갈 것이다.
Мы мно́го занима́лись, по́этому сда́ли экза́мен.	우리는 공부를 많이해서 시험에 합격했다.
Вчера́ бы́ло тепло́.	어제는 따뜻했다.
Сего́дня жа́рко.	오늘은 덥다.
За́втра бу́дет хо́лодно.	내일은 추울 것이다.
Температу́ра +20 гра́дусов.	기온은 영상 20도이다.

ПОЧИТАЕМ

На террито́рии Росси́и не́сколько сезо́нов: зима́, весна́, ле́то и о́сень.

В Москве́ зимо́й хо́лодно, снег, температу́ра - 15-20 гра́дусов.

Весно́й, в ма́рте, ещё хо́лодно, пока́ лежи́т снег. В апре́ле снег начина́ет та́ять, зацвета́ют пе́рвые цветы́ и прилета́ют пти́цы. В ма́е уже́ тепло́.

Ле́том тепло́ и да́же жа́рко. Температу́ра +20-30 гра́дусов.

Осенью, в сентябре́, ещё стои́т хоро́шая пого́да, тепло́, иногда́ жа́рко, мно́го со́лнечных дней. В октябре́ и ноябре́ ча́сто идёт дождь, сы́ро и хо́лодно. Иногда́ идёт снег.

러시아 영토에는 몇 가지 계절, 즉 겨울, 봄, 여름과 가을이 있습니다.

모스크바에는 겨울에 춥고 눈이 있으며, 기온은 영하 15~20도가 됩니다.

봄, 3월에는 아직 춥고 눈이 내립니다. 4월에는 눈이 녹기 시작하고 첫 꽃들이 피기 시작하며, 새들이 날아다닙니다. 5월에는 이미 따뜻합니다.

여름에는 따뜻하고 덥기까지 합니다. 기온은 영상 20~30도가 됩니다.

가을, 9월에는 아직 차가운 날씨이지만 따뜻하고 때로는 덥기도 하고 햇살이 가득한 날들이 많습니다. 10월과 11월에는 자주 비가 오고 흐린 날씨에 춥습니다. 때로는 눈이 오기도 합니다.

СЛОВАРЬ

террито́рия	영토	апре́ль	4월
сезо́н	계절	та́ять	눈이 녹다
зима́	겨울	зацвета́ть	꽃이 피기 시작하다
весна́	봄	прилета́ть (куда?)	날아오다
ле́то	여름	тепло́	따뜻하게
о́сень	가을	ле́том	여름에
зимо́й	겨울에	о́сенью	가을에
хо́лодно	추운	сентя́брь	9월
снег	눈	со́лнечный	태양의, 일광의
гра́дус	(온도의)도	октя́брь	10월
весно́й	봄에	ноя́брь	11월
март	3월	сыро	축축한, 습기가 찬

ПОГОВОРИМ

1. Назови́те сезо́ны Росси́и.	러시아의 계절을 말해보세요.
2. Кака́я пого́да зимо́й в Росси́и?	러시아의 겨울에는 날씨가 어떠합니까?
3. Кака́я пого́да весно́й в Росси́и?	러시아의 봄에는 날씨가 어떠합니까?
4. Кака́я пого́да ле́том в Росси́и?	러시아의 여름에는 날씨가 어떠합니까?
5. Кака́я пого́да о́сенью в Росси́и?	러시아의 가을에는 날씨가 어떠합니까?
6. Назови́те сезо́ны Коре́и.	한국의 계절을 말해보세요.
7. Кака́я пого́да зимо́й в Коре́е?	한국의 겨울에는 날씨가 어떠합니까?
8. Кака́я пого́да весно́й в Коре́е?	한국의 봄에는 날씨가 어떠합니까?
9. Кака́я пого́да ле́том в Коре́е?	한국의 여름에는 날씨가 어떠합니까?
10. Кака́я пого́да о́сенью в Коре́е?	한국의 가을에는 날씨가 어떠합니까?

ДИАЛОГ

- Дени́с, куда́ ты пое́дешь ле́том?
- Мы с бра́том пое́дем на мо́ре в Со́чи. Бу́дем пла́вать, ходи́ть в го́ры. Чёрное мо́ре о́чень краси́вое.
- Кака́я температу́ра там ле́том?
- Здесь ле́то жа́ркое. +25-30. Вода́ прекра́сная, +22-25. Купа́льный сезо́н начина́ется в ию́не и конча́ется в октябре́. Ка́ждый год мы е́здим в Со́чи. Там живёт на́ша ба́бушка.
- Ле́том там ча́сто быва́ют дожди́?
- Да, дово́льно ча́сто, но они́ бы́стро конча́ются. Со́чи - со́лнечный го́род. Это куро́ртная столи́ца. Здесь краси́вые пля́жи, па́рки, сады́, кафе́ и рестора́ны. Если хо́чешь, пое́дем с на́ми.

Чёрное мо́ре

Го́рное о́зеро

Дендра́рий

- 제니스, 너는 여름에 어디에 갈 예정이니?
- 나와 형은 소치 해안에 갈 거야. 수영도 하고 산에도 갈 거야. 흑해는 매우 아름다워.
- 여름에 그곳은 기온이 어때?
- 여름은 더워. 영상 25~30도야. 수온은 아주 좋아, 영상 22~25도야. 수영 할 수 있는 계절은 6월에 시작해서 10월에 끝나. 매년 우리는 소치에 가. 거기에 우리 할머니가 살고 계셔.
- 여름에 거기에 자주 비가 오니?
- 응, 비가 꽤 자주 오는 편이지만 빨리 그쳐. 소치는 햇빛이 잘 드는 도시야. 이곳은 요양지의 수도야. 여기에는 아름다운 해변, 공원들, 정원들, 카페와 레스토랑이 있어. 만일 원하면 우리랑 함께 가자.

ГРАММАТИКА

1. 무인칭문

문장에 주어가 없이 형용사로 술어를 표현되는 문장을 무인칭문이라고 한다. 무인칭문에서 과거 시제는 быть 동사의 과거형으로, 미래시제는 быть 동사의 현제변화형으로 표현한다.

Кака́я пого́да была́ вчера́? - Вчера́ бы́ло тепло́.	어제는 날씨가 어떠했습니까? - 어제는 따뜻했습니다.
Кака́я сего́дня пого́да? - Сего́дня тепло́. жа́рко. хо́лодно.	오늘은 날씨가 어떠합니까? - 오늘은 따뜻합니다. 덥습니다. 춥습니다.
Кака́я пого́да бу́дет за́втра? - За́втра бу́дет тепло́.	내일은 날씨가 어떻습니까? - 내일은 따뜻할 겁니다.

2. 가정접속사 е́сли '만일 ~한다면, ~할 것이다'

Если бу́дет хоро́шая пого́да, (то) я пойду́ в парк.
만일 날씨가 좋다면, 나는 공원으로 갈 것이다.

Учи́ться всегда́ интере́сно, е́сли челове́к лю́бит своё де́ло.
만일 사람이 자기의 일을 사랑한다면, 공부한다는 것은 항상 즐겁다.

Если вы прочита́ете э́ту кни́гу, вы узна́ете мно́го поле́зного.
만일 당신이 이 책을 다 읽는다면, 당신은 유용한 많은 것을 알게 될 것이다.

3. 결과 접속사 поэтому '~, 그래서'

Там тепло́, по́этому они́ по́ехали на юг.
그곳이 따뜻해서 그들은 남쪽으로 갔다.

Он хорошо́ подгото́вился, по́этому поступи́л в фи́рму.
그는 준비를 잘해서 회사에 들어갔다.

Мы мно́го занима́ли́сь, по́этому сда́ли экза́мен.
우리는 공부를 많이 해서 시험에 합격했다.

ЗАДАНИЯ И УПРАЖНЕНИЯ

1. 오른쪽 단어를 활용해서 문장을 완성해 보세요.

1) Сего́дня хо́лодно. Ми́нус 10 ______________.
2) Вчера́ бы́ло о́чень жа́рко. Плюс 30 ______________.
3) За́втра бу́дет плюс 22 ______________.
4) Сего́дня плюс 34 ______________.
5) Сего́дня минус 1 ______________.

гра́дус
гра́дуса
гра́дусов

2. 보기와 같이 문장을 완성해 보세요.

〈보기〉
Я отдыха́ю ___________(ноя́брь).
→ Я отдыха́ю в ноя́бре.

1) В Росси́и учёбный год начина́ется _______________(сентя́брь).
2) Весна́ начина́ется _______________(март).
3) Они́ отдыха́ли на мо́ре ________________(ию́нь).
4) У него́ день рожде́ния ________________(дека́брь).
5) У нас кани́кулы _______________(ию́ль и а́вгуст).
6) В шко́ле зи́мние кани́кулы ________________(янва́рь).

3. 다음 대화를 완성해 보세요.

1) - Куда́ ты пое́дешь зимо́й?
- ____.
- Кака́я там пого́да?
- ____.

- Что ты там бу́дешь де́лать?

- ____.

2) - Где вы бы́ли ле́том?

- ____.

- Кака́я там была́ пого́да?

- ____.

- Что вы там де́лали?

- ____.

4. 보기와 같이 문장을 만들어 보세요.

〈보기〉
Они́ поéхали на юг, потому́ что там тепло́.
→ Там тепло́, поэ́тому они́ поéхали на юг.

1) Ча́сто мы хо́дим в го́ры, потому́ что там хоро́ший во́здух.

2) Друзья́ поéхали в Гре́цию, потому́ что у них кани́кулы.

3) Он пошёл в магази́н, потому́ что ему́ ну́жно купи́ть проду́кты.

4) Са́ша поéхал в дере́вню, потому́ что давно́ не ви́дел ба́бушку.

5) Мы оста́лись до́ма, потому́ что на у́лице си́льный дождь.

5. 아래 질문들에 러시아어로 대답해 보세요.

1) Расскажи́те, кака́я в Коре́е пого́да зимо́й, весно́й, ле́том и о́сенью.

2) Кака́я стои́т температу́ра зимо́й, весно́й, ле́том и о́сенью?

3) Когда́ в Коре́е жа́рко, хо́лодно, тепло́?

4) Когда́ обы́чно иду́т дожди́?

5) Когда́ идёт снег?

6) Когда́ начина́ют цвести́ пе́рвые цветы́?

7) Когда́ желте́ют ли́стья на де́реве?

8) Когда́ все купа́ются в мо́ре?

9) Како́е вре́мя го́да вы лю́бите?

10) Почему́ лю́ди лю́бят весну́ (ле́то, о́сень, зи́му)?

관용표현

Гото́вь са́ни ле́том, а теле́гу - зимо́й

여름에는 썰매를, 겨울에는 짐수레를 준비해
〈중요한 일은 미리 준비해야한다는 표현이다〉

- Сейча́с ле́то, а ты уже́ купи́ла шу́бу? Заче́м?
- **Гото́вь са́ни ле́том, а теле́гу - зимо́й.** На́до гото́виться к зиме́ зара́нее.

Урок 22

Мы е́дем путеше́ствовать.

우리는 여행을 갑니다.

위치 동사

Су́мка лежи́т на столе́.	가방은 책상위에 놓여 있습니다.
Он положи́л су́мку на стол.	그는 가방을 책상위에 두었습니다.
Она поста́вила су́мку под стол.	그녀는 가방을 책상아래에 두었습니다.
Положи́, пожа́луйста, руба́шки на по́лку.	셔츠를 옷장 속에 넣어둬.
Ла́мпа виси́т над дива́ном.	램프는 쇼파위에 달려 있습니다.
Ко́шка спит о́коло окна́.	고양이는 창문가에서 자고 있습니다.

ПОЧИТАЕМ

Кани́кулы

Ско́ро у нас кани́кулы. Я и Са́ша е́дем в Ирку́тск. Мы давно́ хоте́ли посмотре́ть о́зеро Байка́л. Говоря́т, оно́ о́чень большо́е и краси́вое. Мы уже́ купи́ли биле́ты на самолёт. Снача́ла мы хоте́ли пое́хать на по́езде "Байка́л". Но э́то о́чень до́лго. Из Москвы́ до Ирку́тска по́езд идёт 3 дня. А у нас нет вре́мени. За́втра наш самолёт. Ра́но у́тром мы е́дем на такси́ в аэропо́рт. В 6 часо́в наш рейс. Мы собира́ем на́ши чемода́ны.

- Са́ша, ты положи́л ку́ртку, ша́пку и шарф? Я слы́шал, что в Ирку́тске всегда́ хо́лодно.
- То́ни, ле́том в Ирку́тске тепло́, +18. Ша́пку и шарф мо́жно не брать. Ты положи́л футбо́лки и джи́нсы?
- Да. Са́ша, не забу́дь фотоаппара́т и на́ши биле́ты!

방학

곧 방학입니다. 나와 사쌰는 이르쿠츠크에 갈 것입니다. 우리는 오래전부터 바이칼호수를 보고 싶었습니다. 사람들이 말하기를 호수가 매우 크고 아름답다고 합니다. 우리는 이미 비행기표를 사두었습니다. 처음에 우리는 "바이칼"호 기차를 타고 가고 싶었습니다. 하지만 이것은 매우 오래 걸립니다. 모스크바에서 이르쿠츠크까지 기차가 3일 동안 갑니다. 우리에게는 시간이 없습니다. 내일 우리 비행기가 떠납니다. 아침 일찍 우리는 택시로 공항에 갈 것입니다. 6시에 우리 항공편이 있습니다. 우리는 트렁크를 챙기고 있습니다.

- 사샤, 너는 자켓, 털모자와 목도리를 챙겼니? 나는 이르쿠츠크에는 항상 춥다고 들었어.
- 또니, 여름에 이르쿠츠크는 따뜻해. 영상 18도야. 털모자, 목도리를 안 가져가도 돼. 너는 운동화와 청바지는 넣었니?
- 응. 사샤, 사진기와 우리 비행기표는 잊지마!

СЛОВАРЬ

кани́кулы	방학
о́зеро Байка́л	바이칼 호수
самолёт	비행기
аэропо́рт	공항
рейс	항로
чемода́н	트렁크 가방
положи́ть (кого? что?)	넣다, 놓다
ку́ртка	재킷
ша́пка	모자
шарф	목도리
футбо́лки	운동화
джи́нсы	진청바지
фотоаппара́т	사진기

ПОГОВОРИМ

1. Куда́ е́дут Са́ша и То́ни?	사샤와 또니는 어디를 갑니까?
2. На чём они́ е́дут в Ирку́тск?	그들은 이르쿠르츠로 무엇을 타고 갑니까?
3. На чём они́ хоте́ли пое́хать туда́?	그들은 거기로 무엇을 타고 가고 싶었습니까?
4. Почему́ они́ е́дут в Ирку́тск?	왜 그들은 이르쿠츠크로 갑니까?
5. Как до́лго идёт по́езд из Москвы́ до Ирку́тска?	모스크바에서 이르쿠츠크까지 얼마나 가야 합니까?
6. Что они́ положи́ли в чемода́н?	그들은 트렁크 가방에 무엇을 넣었습니까?
7. Почему́ они́ не взя́ли ша́пку и шарф?	그들은 왜 모자와 목도리를 챙겼습니까?
8. Кака́я пого́да в Ирку́тске ле́том?	이르쿠츠크는 여름에 날씨가 어떻습니까?
9. Обы́чно что вы положи́те в су́мку?	보통 여러분은 가방에 무엇을 넣습니까?
10. Куда́ вы кладёте кошелёк и моби́льный телефо́н?	여러분은 지갑과 핸드폰을 어디에 둡니까?

ДИАЛОГ

- Макси́м, пойдём на у́лицу.
- Хорошо́. То́лько снача́ла поста́вим су́мки, поло́жим на́ши ве́щи.
- Положи́, пожа́луйста, руба́шки на по́лку.
- Хорошо́. Оле́г, куда́ ты пове́сил ку́ртку?
- Она́ виси́т на сту́ле.
- Пове́сь её, в шкаф. Куда́ ты положи́л наш ключ от но́мера?
- Он лежи́т на столе́.
- Ты гото́в?
- Да. Пойдём!

- 막심, 밖으로 나가자!
- 좋아. 단 먼저 가방을 챙기고, 우리 짐을 넣자.
- 선반에 셔츠를 넣어둬.
- 알았어. 올레그, 너는 재킷을 어디에 걸어뒀니?
- 그것은 의자에 걸려있어.
- 그것을 옷장에 걸어둬. 너는 우리 방 열쇠를 어디에 두었니?
- 열쇠는 책상위에 있어.
- 너 준비됐니?
- 그래, 가자!

ГРАММАТИКА

1. 위치 동사 <ста́вить(поста́вить) - стоя́ть, ве́шать(пове́сить) - висе́ть, класть(положи́ть) - лежа́ть>

어떠한 물건이 놓여 있는 상태를 표현하면서 어떤 동사를 활용하느냐에 따라 주어와 격이 달라진다.

куда?	где?	의미
ста́вить – поста́вить	стоя́ть	세워놓다
класть – положи́ть	лежа́ть	놓다
ве́шать – пове́сить	висе́ть	걸다

куда?	где?
1) Он положи́л кни́гу на стол.	1) Кни́га лежи́т на столе́.
2) Он пове́сил пальто́ в шкаф.	2) Пальто́ виси́т в шкафу́.
3) Он поста́вил ва́зу на стол.	3) Ва́за стои́т на столе́.

2. 장소와 관련된 전치사

장소와 관련된 전치사들로 '전치사 + 조격'(над, под, за, перед, между, рядом с), '전치사 + 생격'(о́коло, напро́тив, у, среди́) 형태들이 있다.

<table>
<tr><td>над</td><td rowspan="6">чем?
кем?</td><td>столо́м</td><td>~위에</td></tr>
<tr><td>под</td><td>Игорем</td><td>~아래</td></tr>
<tr><td>за</td><td>карти́ной</td><td>~뒤에, ~너머</td></tr>
<tr><td>пе́ред</td><td>Олей</td><td>~앞에, ~전에</td></tr>
<tr><td>ме́жду</td><td>на́ми</td><td>~사이에, ~간에</td></tr>
<tr><td>ря́дом с</td><td>шкафа́ми</td><td>~와 나란히</td></tr>
<tr><td>о́коло</td><td rowspan="4">чего?
кого?</td><td>стола́</td><td>~옆에, ~근처에</td></tr>
<tr><td>напро́тив</td><td>Игоря</td><td>반대편, 맞은편</td></tr>
<tr><td>у</td><td>карти́ны</td><td>~옆에</td></tr>
<tr><td>среди́</td><td>Оли</td><td>가운데</td></tr>
</table>

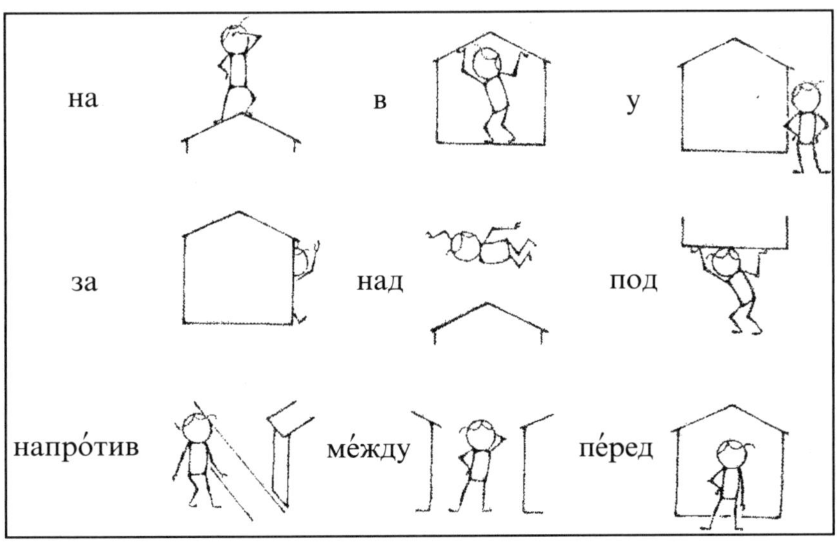

ЗАДАНИЯ И УПРАЖНЕНИЯ

1. 오른쪽 동사들을 활용해서 문장을 완성해 보세요.

1) Пи́сьменный стол мы ____________ в кабине́т.
   Стол ____________ в кабине́те.

2) Крова́ть они ____________ в спа́льню.
   Крова́ть ____________ в спа́льне.

3) Ни́на ____________ книги шкаф.
   Кни́ги ____________ в шкафу́.

4) Игорь ____________ карти́ну на сте́ну.
   Карти́на ____________ на стене́.

5) - Ты ____________ слова́рь на по́лку?
   - Да, слова́рь ____________ на по́лке.

положи́ть – лежа́ть
поста́вить – стоя́ть
пове́сить – висе́ть

2. 동사 <поста́вить – стоя́ть, положи́ть – лежа́ть, пове́сить – висе́ть> 를 활용하여 보기와 같이 그림의 내용을 대화로 만들어 보세요.

〈보기〉
- Куда вы поста́вили стол?
- На пол. Стол стои́т на полу́.

3. 괄호 속 단어를 올바른 형태로 고쳐 문장을 완성해 보세요.

1) Карти́на висе́ла над ______________ (стол).

2) Боти́нки лежа́ли под ______________ (дива́н).

3) Тетра́ди лежа́ли на _____________ (по́лка).

4) Су́мка стоя́ла о́коло _____________ (шкаф).

5) Стул стоя́л ря́дом с ________________ (холоди́льник).

6) Докуме́нты лежа́ли в ____________ (су́мка).

7) Ко́шка спала́ на ____________ (шкаф).

8) Воло́дя сел ме́жду ________________ (Ира и Све́та).

9) Мы сиде́ли за ______________ (стол) и разгова́ривали.

10) Пе́ред ____________ (Анто́н) сиде́л Бори́с.

11) Ма́ша сиде́ла напро́тив _______________ (Оле́ся).

4. 대화를 완성해 보세요.

1) - Скажи́, пожа́луйста, куда́ мо́жно пове́сить пальто́?
- ____________________________________.
- Где лежа́т та́почки?
- ____________________________________.
- Куда́ мо́жно положи́ть торт?
- ____________________________________.
- Куда́ мо́жно поста́вить цветы́?
- ____________________________________.

2) - Ты не зна́ешь, где моя су́мка?
- ____________________________________.
- Ты не ви́дел, где мой слова́рь?
- ____________________________________.

- Ты не зна́ешь, где моя́ ку́ртка?
- ____.

5. 여러분의 방을 생각하며 아래 질문들에 러시아어로 대답해 보세요.

1) Расскажи́те о ва́шей ко́мнате. Кака́я она́?

2) Куда́ вы кладёте обы́чно ва́шу су́мку?

3) Где лежа́т ва́ши уче́бники?

4) Где стои́т ва́ша крова́ть?

5) Куда́ вы положи́ли кни́ги?

6) Что стои́т на столе́?

7) Куда́ вы поста́вили ваш компью́тер?

8) Обы́чно где лежа́т ва́ши тетра́ди?

9) Куда́ вы пове́сили ва́шу оде́жду?

10) Что виси́т на сте́нах в ва́шей ко́мнате (кварти́ре)?

관용표현

Отчий дом

아버지 집

〈가족이 살고 있는 고향집을 표현한 말이다〉

- Вы до́лго жи́ли за грани́цей?
- Да, 20 лет. Ка́ждый день я скуча́л по **о́тчему до́му**, по роди́телям.

Урок 23

У моéй подрýги кáрие глазá.
나의 여자친구는 갈색눈입니다.

신체 외모 표현, 관계대명사 который

У негó корóткие каштáновые вóлосы и кáрие глазá.	그는 짧은 밤색 머리와 갈색 눈을 가지고 있습니다.
У Мари́ны весёлые больши́е глазá.	마리나는 밝은 큰 눈을 가지고 있습니다.
У Артёма мáленький нос.	아르쬼은 작은 코를 가지고 있습니다.
Онá высóкая.	그녀는 키가 큽니다.
Он срéднего рóста.	그는 키가 보통입니다.
Они́ ни́зкого рóста.	그들은 키가 작습니다.

ПОЧИТАЕМ

Бори́совы

Это семья́ Бори́совых: ма́ма, па́па и сын. Па́пу зову́т Серге́й Ива́нович. Ему́ 42 го́да. Он рабо́тает дире́тором в ба́нке. Ма́му зову́т Инна Петро́вна. Ей 38 лет. Она́ домохозя́йка. Ма́льчика зову́т Ди́ма. Ему́ уже́ 7 лет. Он хо́дит в нача́льную шко́лу.

Серге́й Ива́нович не о́чень высо́кий. У него́ коро́ткие кашта́новые во́лосы, весёлые больши́е глаза́, ма́ленький нос и большо́й рот. Серге́й Ива́нович – о́чень до́брый и трудолюби́вый челове́к.

Сын похо́ж на па́пу. У него́ то́же больши́е глаза́ и широ́кая улы́бка. Ди́ма то́же о́чень до́брый.

Ма́ма о́чень симпати́чная, высо́кая и стро́йная. У Инны Петро́вны краси́вые ка́рие глаза́, кото́рые всегда́ све́тятся любо́вью. Все говоря́т, что у её сы́на таки́е же.

보리소프 가족

이 사람들은 보리소프 가족들로 엄마, 아빠와 아들입니다. 아빠의 이름은 세르게이 이바노비치입니다. 아빠는 42세입니다. 그는 은행에서 책임자로 일하고 있습니다. 엄마의 이름은 인나 뻬뜨로브나입니다. 엄마는 38세입니다. 그녀는 가정주부입니다. 소년의 이름은 지마입니다. 그는 벌써 7살입니다. 그는 학교에 다니고 있습니다.

세르게이 이바노비치는 키가 매우 크지는 않습니다. 그는 짧은 갈색 머리에 밝은 큰 눈, 작은 코와 큰 입을 가지고 있습니다. 세르게이 이바노비치는 매우 친절하고 근면한 사람입니다.

아들은 아빠를 닮았습니다. 아들도 역시 큰 눈과 넓은 이마를 가졌습니다. 지마도 역시 매우 친절합니다.

엄마는 매우 호감형이며, 키가 크고 늘씬합니다. 인나 뻬뜨로브나는 항상 호기심으로 반짝이는 아름다운 갈색 눈을 가지고 있습니다. 모두들 그녀의 아들도 그와 같은 눈을 가졌다고 말합니다.

СЛОВАРЬ

банк	은행
домохозя́йка	가정주부
коро́ткий	짧은
кашта́новый	밤색의
во́лосы	머리
рот	입
нос	코
трудолюби́вый	근면한
улы́бка	미소
симпати́чный	호감이 가는
стро́йный	균형잡힌
ка́рий	갈색의(눈에 대해서 사용)

ПОГОВОРИМ

1. Как зову́т ма́льчика?	소년의 이름은 무엇입니까?
2. Как зову́т его́ роди́телей?	그의 부모님 이름은 어떻게 됩니까?
3. Ско́лько им лет?	그들의 나이는 어떻게 됩니까?
4. Чем они́ занима́ются?	그들은 무슨 일을 합니까?
5. Как вы́глядит оте́ц?	아버지는 어떤 모습으로 보입니까?
6. Как вы́глядит ма́ма?	엄마는 어떤 모습으로 보입니까?
7. Как вы́глядит сын?	아들은 어떤 모습으로 보입니까?
8. На кого́ похо́ж сын?	아들은 누구를 닮았습니까?
9. Как вы́глядит ваш друг(подру́га)?	여러분의 친구 모습은 어떠합니까?
10. На кого́ он(она́) похо́ж(-а)?	친구는 누구를 닮았습니까?

ДИАЛОГ

- Ка́тя, приве́т! Что ты де́лаешь сего́дня?
- Я иду́ в универма́г. Мне на́до купи́ть пода́рок для мое́й ма́мы. У неё за́втра день рожде́ния. Ната́ша, дава́й пойдём вме́сте!
- Хорошо́. Что ты хо́чешь купи́ть свое́й ма́ме?
- Не зна́ю. На́до посмотре́ть. Ната́ша, посове́туй мне, пожа́луйста.
- С удово́льствием.

В универма́ге

- Ната́ша, где отде́л "Же́нская оде́жда"?
- Вот, здесь.
- Ка́тя, ско́лько лет исполня́ется твое́й ма́ме?
- За́втра ей бу́дет 57 лет.
- 57?! Твоя́ ма́ма прекра́сно вы́глядит. Така́я стро́йная и краси́вая! Что она́ лю́бит?
- Она́ лю́бит делово́й стиль, брю́ки, ю́бки, блу́зки, руба́шки.
- Како́й цвет лю́бит твоя́ ма́ма?
- Она́ лю́бит све́тлые цвета́: ро́зовый, голубо́й, бе́лый.
- Ка́тя, смотри́, вот о́чень краси́вая блу́зка, кото́рая о́чень пойдёт ей.
- Да. Ма́ме понра́вится.
- Ско́лько она́ сто́ит?
- 1500 рубле́й.
- Я куплю́ её.

- 안녕, 까자! 너 오늘 뭐하니?
- 나는 백화점에 갈거야. 엄마를 위한 선물을 사야해. 내일 엄마 생신이야. 나따샤, 함께 가자!
- 좋았어. 너는 엄마를 위해 뭘 사고 싶어?
- 모르겠어. 봐야할 것 같아. 나따샤, 조언좀 해줘.
- 기꺼이.

백화점에서

- 나따샤, 〈여성 의류〉 코너가 어디가 있니?
- 바로 여기야.

- 까자, 엄마 연세가 어떻게 되시니?
- 내일이 57세가 되셔.
- 57세 라구?! 너의 엄마는 굉장히 멋져 보여. 아주 날씬하고 예쁘시잖아! 엄마는 무엇을 좋아하시니?
- 엄마는 비즈니스 스타일의 바지, 치마, 블라우스, 셔츠를 좋아하셔.
- 어떤 색을 좋아하시니?
- 엄마는 밝은 색, 즉, 분홍색, 하늘색, 흰색을 좋아하셔.
- 까자, 여기 봐. 여기 너의 엄마에게 아주 잘 어울릴 예쁜 블라우스가 있어.
- 그래. 엄마가 좋아하실거야.
- 이것은 얼마입니까?
- 1500루블입니다.
- 이것을 살게요.

ГРАММАТИКА

1. 사람의 외모 표현

사람의 외모를 표현할 때 У меня (есть) + 외모(성격) 구문을 사용한다.

У него́ ка́рие глаза́.	그는 갈색 눈을 가지고 있다.
У неё больши́е глаза́.	그녀는 큰 눈을 가지고 있다.
У меня́ ма́ленький нос.	나는 작은 코를 가지고 있다.

※ 생격 용법

신체의 특징을 표현할 때 생격으로 나타내기도 한다.

Он сре́днего ро́ста. 그는 중간 키이다.

Они́ ни́зкого ро́ста. 그들은 키가 작다.

2. 관계대명사 <кото́рый>

관계 대명사는 주절과 종속절을 연결할 때 사용되는데, 명사가 주절의 선행사로 오는 경우에 관계 대명사로 который가 사용된다.

1) Это студе́нт, **кото́рый** живёт зде́сь.	이 사람은 여기에 살고 있는 대학생이다.
2) Это студе́нтка, **кото́рая** живёт зде́сь.	이 사람은 여기에 살고 있는 여대생이다.
3) Это студе́нты, **кото́рые** у́чатся зде́сь.	이들은 여기서 공부하고 있는 대학생들이다.
4) Это письмо́, **кото́рое** лежи́т на столе́.	이것은 책상위에 놓여있는 편지이다.

3. <идти́> 동사의 다른 용법

동사 идти́는 운동 동사로서의 의미 외에도 전이된 다른 의미로도 사용된다. 전이된 의미로 쓰일 경우 ходи́ть 동사는 사용되지 않는다.

① '어울린다'

кому́?		что?	의미
Вам	(о́чень) идёт не идёт	э́тот костю́м	당신에게는 이 양복이 어울린다.
Тебе́		э́та шля́па	너에게 이 모자가 어울린다.
Ни́не		э́то пальто́	니나에게 이 외투가 어울리지 않는다.
Дени́су		э́ти брю́ки	지니스에게 이 바지가 어울리지 않는다.

② '상영중이다'

В э́том кинотеа́тре идёт но́вый фильм. 이 극장에서 새 영화가 상영중이다.

③ '(눈, 비가) 내리다'

Сего́дня идёт дождь. 오늘 비가 내리고 있다.

ЗАДАНИЯ И УПРАЖНЕНИЯ

1. <кото́рый, кото́рая, кото́рое, кото́рые>를 활용하여 문장을 완성해 보세요.

1) Мы пошли́ в парк, ________ нахо́дится о́коло университе́та.

2) В гру́ппу пришла́ де́вушка, _________ учи́лась в Аме́рике.

3) Я посла́л письмо́, ________ лежа́ло на столе́.

4) Это журна́лы, ________ я уже́ прочита́л.

5) Это моя́ сестра́, _________ живёт в Москве́.

6) Я купи́л биле́т на бале́т, ________ идёт в Большо́м теа́тре.

2. 문장을 비교해서 읽어 보세요.

1) Это мой брат. Он у́чится в университе́те.
 - Это мой брат, кото́рый у́чится в университе́те.

2) Это моя́ сестра́. Она рабо́тает в ба́нке.
 - Это моя́ сестра́, кото́рая рабо́тает в ба́нке.

3) Это письмо́. Оно лежи́т на столе́.
 - Это письмо́, кото́рое лежи́т на столе́.

4) Это мои́ друзья́. Они́ е́здили на мо́ре.
 - Это мои́ друзья́, кото́рые е́здили на мо́ре.

3. 다음 주어진 질문에 답해보세요.

a) 다음 표현들이 어떤 외모를 표현하는지 읽어보세요.

골격과 키

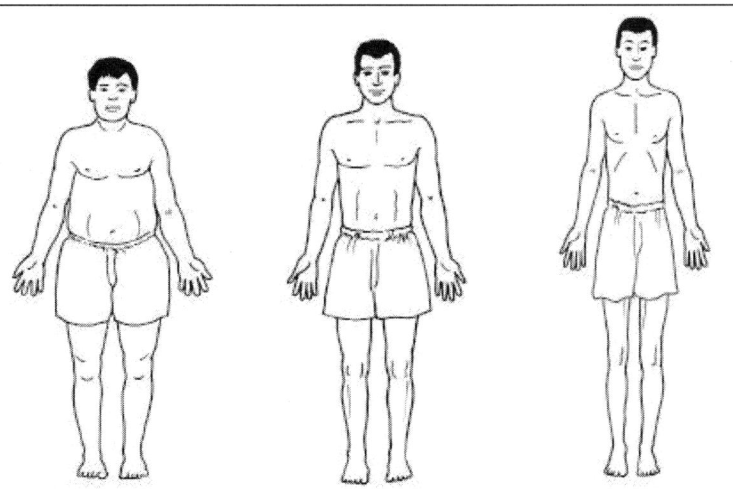

Он то́лстый. Он ни́зкого ро́ста.	Он стро́йный. Он сре́днего ро́ста.	Он худо́й. Он высо́кий.

외모

Лицо́	Нос	Глаза́	Бро́ви	Во́лосы
кру́глое ова́льное квадра́тное	прямо́й ма́ленький большо́й	больши́е ма́ленькие у́зкие ка́рие голубы́е	широ́кие у́зкие	дли́нные коро́ткие

б) 사진을 보고 이 사람들의 외모를 묘사해보세요.

1)

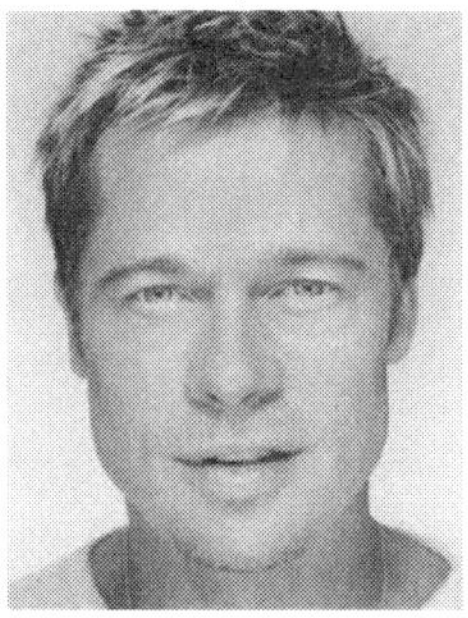

Брэд Питт

2)

Анджели́на Джо́ли

3)

Ломоно́сов Миха́йло Васи́льевич

4)

М. И. Лопухина́

4. 다음 주어진 질문에 답해보세요.

а) 그림을 보고 〈의류〉 코너에서 무엇을 살 수 있는 지 말해보세요.

б) 보기와 같이 친구에게 무엇을 선물로 사면 좋을 지에 대해 조언하는 대화를 만들어 보세요.

〈보기〉

- Ни́на, за́втра у моего́ бра́та день рожде́ния. Посове́туй, что ему́ купи́ть.
- Я сове́тую купи́ть твоему́ бра́ту э́ти джи́нсы. Ему́ о́чень иду́т джи́нсы. Я зна́ю, что он лю́бит спо́рт.

5. 자신과 친구의 외모와 성격에 대해 묘사하면서 문장을 완성해 보세요.

1) Я(Он, Она́) ______________.	высо́кий / высо́кая не высо́кий / не высо́кая сре́днего ро́ста низкого роста
2) Я(Он, Она́) ______________.	стро́йный / стро́йная по́лный / по́лная худо́й / худа́я

3) У меня́ (него́, неё) _______________.	лицо́, гу́бы, лоб, нос, глаза́, бро́ви, во́лосы
4) Я(Он, Она́) _______________.	до́брый, злой, трудолюби́вый, лени́вый, у́мный, глу́пый

관용표현

Бе́лая воро́на

하얀 까마귀

〈친구들이 없거나 어울리지 않고 항상 혼자 있는 사람을 말할 때 사용하는 표현이다 〉

- У Артёма нет друзе́й. Он всегда́ оди́н.
- Да, он **бе́лая воро́на.**

Урок 24

Мой друг о́чень у́мный.
나의 친구는 매우 영리합니다.

비교급 표현

Оле́г акти́вный и тво́рческий.	올레그는 적극적이고 창의적입니다.
Макс о́чень у́мный, как Ломоно́сов.	막스는 로모소노프처럼 매우 영리합니다.
Эта де́вушка краси́вее, чем та.	이 아가씨는 저 아가씨보다 더 예쁩니다.
Моя́ подру́га до́брая, как а́нгел.	나의 여자친구는 천사처럼 착합니다.
Ви́тя сме́лый, а Анто́н ещё смеле́е.	비쨔는 용감하지만 안똔이 더 용감합니다.
Она́ са́мая до́брая и весёлая.	그녀는 가장 착하고 명랑합니다.

ПОЧИТАЕМ

Ста́рые друзья́

Я, Оле́г, Макс и Ники́та знако́мы о́чень давно́. Мы вме́сте учи́лись в шко́ле. Мы - ста́рые шко́льные друзья́.

Сейча́с мы ви́димся ре́дко, потому́ что живём и у́чимся в ра́зных города́х. Оле́г и Макс поступи́ли в МГУ и живу́т в Москве́. Ники́та пошёл в а́рмию. Сейча́с он на се́вере, слу́жит на корабле́. Я изуча́ю англи́йский язы́к в Ло́ндоне.

Мои́ друзья́ о́чень ра́зные. Оле́г акти́вный и тво́рческий.

Макс о́чень у́мный, как Ломоно́сов. Он всегда́ споко́ен. Макс у́чится на математи́ческом факульте́те.

Ники́та сме́лый и весёлый. Он лю́бит спорт.

Друзья́ говоря́т, что я о́чень до́брый.

오래된 친구들

나, 올레그, 막스와 니끼따는 매우 오래전부터 아는 사이입니다. 우리는 함께 초등학교를 다녔습니다. 우리는 오래된 초등학교 친구들입니다.

지금 우리는 가끔 만나는데, 서로 다른 도시들에서 살면서 학교를 다니고 있기 때문입니다. 올레그와 막스는 엠게우에 입학해서 모스크바에 살고 있습니다. 니끼따는 군대에 갔습니다. 지금 그는 북쪽에 있는 군함에서 복무하고 있습니다. 나는 런던에서 영어를 배우고 있습니다.

나의 친구들은 매우 다릅니다. 올레그는 활발하고 창의적입니다.

막스는 로마노소프처럼 매우 똑똑합니다. 그는 항상 조용합니다. 막스는 수학학부를 다니고 있습니다.

니끼따는 과감하고 명랑합니다. 그는 스포츠를 좋아합니다.

친구들은 항상 내가 매우 착하다고 말합니다.

СЛОВАРЬ

знако́м(-а, -о, -ы) (с кем? с чем?)	아는, 안면이 있는
ра́зный	다양한, 다른
поступи́ть (куда?)	입학하다
а́рмия	군대
се́вер	북쪽
кора́бль	군함
акти́вный	활발한, 적극적인
тво́рческий	창의적인
архите́ктор	건축가
у́мный	영리한, 현명한
споко́йный	조용한, 평온한
математи́ческий	수학의
сме́лый	용감한, 과감한

ПОГОВОРИМ

1. Как называ́ется текст?	본문의 이름은 무엇입니까?
2. О чём он?	그는 무엇에 대해 말하고 있습니까?
3. Кто гла́вный геро́й? Расскажи́те о нём.	주인공은 누구입니까? 그에 대해 말해보세요.
4. Расскажи́те об Оле́ге, Ма́ксе и Ники́те.	올레그, 막스와 니끼따에 대해 말해보세요.
5. Како́й хара́ктер у Оле́га?	올레그는 어떤 성격을 가지고 있습니까?
6. Како́й хара́ктер у Ма́кса?	막스는 어떤 성격을 가지고 있습니까?
7. Како́й хара́ктер у Ники́ты?	니끼따는 어떤 성격을 가지고 있습니까?
8. Како́й у вас хара́ктер?	여러분은 어떤 성격을 가지고 있습니까?
9. Како́й хара́ктер у чле́нов ва́шей семьи́?	여러분의 가족은 어떤 성격을 가지고 있습니까?
10. У ва́шего дру́га?	여러분의 친구는 어떤 성격을 가지고 있습니까?

ДИАЛОГ

- Мы должны́ вы́брать ста́росту гру́ппы.
- Дава́йте вы́берем Ива́на. Я ду́маю, что Ива́н о́чень акти́вный и у́мный.
- Дава́йте вы́берем Ольгу. Она́ са́мая до́брая и весёлая.
- Я предлага́ю вы́брать Са́шу. Он отве́тственнее и умне́е, чем Ива́н.
- Дава́йте голосова́ть.

- 우리는 그룹 장을 뽑아야 해.
- 이반으로 뽑자. 나는 이반이 매우 적극적이고 영리하다고 생각해.
- 올가로 뽑자. 올가는 매우 착하고 활발하잖아.
- 나는 사샤를 뽑자고 제안해. 사샤는 이반보다 더 책임감이 있고 더 영리해.
- 투표하도록 하자.

ГРАММАТИКА

1. 형용사 비교급

형용사는 비교급과 최상급을 가진다. '~더욱 ~한' 의미를 가지는 비교급에는 형용사 어간에 접미사 -ee를 붙여 만드는 단일 비교급이 있다. 단일 비교급은 성, 수와 관계없이 쓰인다. 또한 최상급은 'са́мый + 형용사'로 형태로 만든다.

형용사		비교급		최상급	
до́брый	착한	добре́е	더 착한	са́мый до́брый	가장 착한
до́брая		добре́е		са́мая до́брая	
до́брое		добре́е		са́мое до́брое	
до́брые		добре́е		са́мые до́брые	

Этот парк краси́вее. 이 공원은 더 아름답다.

Эта де́вушка краси́вее. 이 아가씨가 더 아름답다.

Это ме́сто краси́вее. 이 장소가 더 아름답다.

Эти карти́ны краси́вее. 이 그림들이 더 아름답다.

2. 비교급 구문

① <чем>

비교급 구문에서는 형용사 비교급과 함께 '~보다'라는 의미의 **чем**을 사용한다. **чем** 앞에는 반드시 쉼표를 찍어야 하며, 비교하는 명사는 대상과 격이 같아야 한다.

Же́ня до́брый. 줴냐는 착하다.

Ко́ля добре́е. 꼴랴는 더 착하다.

Ко́ля добре́е, чем Же́ня. 꼴랴는 줴냐보다 더 착하다.

② 생격 형태

'형용사 비교급 + 생격'으로도 비교급 구문을 만들 수 있다.

Он вы́ше ме́ня. 그는 나보다 키가 크다.

Я ста́рше её. 나는 그녀보다 나이가 더 많다.

③ <как> '~처럼'

'형용사 + как' 용법으로도 비교급 구문을 만들 수 있다.

Он у́мный, как Ломо́носов. 그는 로모노소프처럼 똑똑하다.

Она́ краси́вая, как Мадо́нна. 그녀는 마돈나처럼 아름답다.

Ве́ра до́брая, как мать Тереза. 베라는 테레사 수녀처럼 착하다.

3. 형용사의 비교급과 최상급

원급	비교급	최상급
интере́сный	интере́снее	са́мый интере́сный
у́мный	у́мнее	са́мый у́мный
хоро́ший	лу́чше	са́мый лу́чший
плохо́й	ху́же	са́мый плохо́й
высо́кий	вы́ше	са́мый высо́кий
ни́зкий	ни́же	са́мый ни́зкий
большо́й	бо́льше	са́мый большо́й
ма́ленький	ме́ньше	са́мый ма́ленький
ста́рший	ста́рше	са́мый ста́рший
мла́дший	мла́дше	са́мый мла́дший

ЗАДАНИЯ И УПРАЖНЕНИЯ

1. 다음 주어진 단어들을 보기와 같이 올바른 형태로 고쳐 문장을 완성해 보세요.

〈보기〉
Ира ____________________, чем Света. - красивый
→ Ира краси́вее, чем Све́та.

1) Ди́ма ________, а Са́ша ________.	у́мный
2) Мой друг _______. Но моя́ подру́га ______, чем он.	тала́нтливый
3) Эта кни́га ________, но та ________.	хоро́ший
4) Ка́тя ___________. А На́стя ____________, чем Ка́тя.	трудолюби́вый
5) По́езд ________, а самолёт ________.	бы́стрый
6) Санкт-Петербу́рг - ________ го́род, а Москва́ ______.	краси́вый
7) Ру́сский музе́й ________, а Эрмита́ж ________.	большо́й

2. 사람의 성격에 대한 주어진 표현들을 활용하여 보기와 같이 문장을 만들어 보세요.

〈보기〉
Моя́ подру́га до́брая, как а́нгел.

+	-
до́брый	злой
у́мный	глу́пый
весёлый	гру́стный
трудолюби́вый	лени́вый
скро́мный	нескро́мный
воспи́танный	невоспита́нный
культу́рный	некульту́рный

3. 보기와 같이 사람의 성향을 다른 표현으로 말해보세요.

〈보기〉
Челове́к, кото́рый лю́бит занима́ться спо́ртом.
→ Он акти́вный.

1) Челове́к, кото́рый всё де́лает во́время и аккура́тно.
→ ______________________.

2) Челове́к, кото́рый лю́бит труд, рабо́тать.
→ ______________________.

3) Челове́к, кото́рый лю́бит всегда́ отдыха́ть, спать.
→ ______________________.

4) Челове́к, кото́рый ничего́ не бои́тся.
→ ______________________.

5) Челове́к, кото́рый всегда́ пла́чет.
→ ______________________.

6) Челове́к, кото́рый ча́сто смее́тся.
→ ______________________.

4. 아래 그림의 표정을 보고 성격을 묘사해 보세요.

5. 아래 질문들에 러시아어로 대답해 보세요.

1) Расскажи́те, како́й у вас хара́ктер.

2) Опиши́те хара́ктер ва́шей подру́ги или дру́га.

3) Како́й хара́ктер до́лжен быть у дире́ктора?

4) Како́й хара́ктер до́лжен быть у полице́йского?

5) Како́й хара́ктер до́лжен быть у учи́теля?

6) Како́й хара́ктер до́лжен быть у врача́?

7) Каки́е черты́ хара́ктера вам нра́вятся?

8) Каки́е черты́ хара́ктера вам не нра́вятся?

9) Каки́е черты́ хара́ктера ва́шего дру́га (подру́ги) вам нра́вятся?

10) Каки́е черты́ хара́ктера ва́шего дру́га (подру́ги) вам не нра́вятся?

관용표현

Скро́мность украша́ет челове́ка

겸손은 사람을 치장한다.

〈겸손은 사람에게 있어 중요한 자질이라는 표현이다〉

- Я зна́ю всё и всё могу́ сде́лать.
- Не на́до мно́го говори́ть о себе́. **Скро́мность украша́ет челове́ка.**

Урок 25

Я роди́лся 10 ма́рта 1990 го́да.
나는 1990년 3월 10일에 태어났습니다.

연, 월, 일 표현

Сего́дня тре́тье ма́рта две ты́сячи трина́дцатого го́да.	오늘은 2013년 3월 3일입니다.
В 1997-ом году́ я поступи́л в шко́лу.	1997년에 나는 학교에 입학했습니다.
Когда́ вы роди́лись?	당신은 언제 태어났습니까?
Я роди́лся деся́того ма́рта 1990-ого го́да.	나는 1990년 3월 10일에 태어났습니다.
У меня́ день рожде́ния пе́рвого декабря́.	나는 12월 1일이 생일입니다.
Я роди́лся второ́го а́вгуста.	나는 8월 2일에 태어났습니다.

ПОЧИТАЕМ

Моя́ автобиогра́фия

Я, Ивано́в Серге́й Ива́нович, роди́лся 10 (деся́того) ма́рта 1990 (ты́сяча девятьсо́т девяно́стого) го́да в Росси́и, в Москве́.

В 1997 (ты́сяча девятьсо́т девяно́сто седьмо́м) году́ я поступи́л в сре́днюю шко́лу. В 2008 (две ты́сячи восьмо́м) году́ я зако́нчил её.

В 2008 году́ поступи́л в Моско́вский госуда́рственный университе́т на филологи́ческий факульте́т.

В 2009 (две ты́сячи девя́том) году́ был ста́ростой факульте́та.

В 2011 (две ты́сячи оди́ннадцатом) году́ был президе́нтом студе́нческого сове́та. В 2012 (две ты́сячи двена́дцатом) году́ зако́нчил университе́т.

В 2012 году́ е́здил в А́нглию на языкову́ю стажиро́вку.

Хо́лост.

Мой оте́ц, Ивано́в Ива́н Петро́вич, роди́лся 20 (двадца́того) сентября́ 1962 (ты́сяча девятьсо́т шестьдеся́т второ́го) го́да в Росси́и, в Санкт-Петербу́рге. Рабо́тает юри́стом в компа́нии "МИР".

Моя мать, Ивано́ва Ве́ра Алексе́евна, родила́сь 7 (седьмо́го) а́вгуста 1965 (ты́сяча девятьсо́т шестьдеся́т пя́того) го́да в Росси́и, в Москве́. Рабо́тает преподава́телем в музыка́льной шко́ле.

나의 이력서

저, 이바노프 세르게이 이바노비치는 1990년 3월 10일날 러시아, 모스크바에서 태어났습니다.

1997년에 저는 초등학교에 입학했습니다. 2008년에 저는 고등학교를 졸업했습니다.

2008년에 저는 모스크바 국립대학교 철학학부에 입학했습니다.

2009년에 학부회장이 되었습니다.

2011년에 학생회 대표가 되었습니다. 2012년에 대학교를 졸업했습니다.

2012년에 영국으로 어학연수를 갔습니다.

미혼입니다.

저의 아버지, 이바노프 이반 뻬뜨로비치는 1962년 러시아, 상트 뻬쩨르부르그에서 태어났습니다. "미르"회사에서 변호사로 일하고 계십니다.

저의 어머니, 이바노바 베라 알렉세예브나는 1965년 러시아, 모스크바에서 태어났습니다. 음악학교에서 교사로 일하고 계십니다.

СЛОВАРЬ

автобиогра́фия	이력서
роди́ться	태어나다
зако́нчить (что?)	졸업하다, 마치다
госуда́рственный	국가의
филологи́ческий	철학의
ста́роста	단체의 장
президе́нт	단체의 대표
студе́нческий сове́т	학생회
языкова́я стажиро́вка	어학연수
хо́лост	холосто́й의 단어미, 미혼의, 독신의
юри́ст	변호사, 법률가
компа́ния	회사
преподава́тель	교사
музыка́льный	음악의

ПОГОВОРИМ

1. Кто написа́л автобиогра́фию?	누가 이력서를 썼습니까?
2. Когда́ геро́й роди́лся?	주인공은 언제 태어났습니까?
3. Когда́ он поступи́л в шко́лу?	그는 언제 초등학교에 입학했습니까?
4. Когда́ зако́нчил её?	언제 졸업했습니까?
5. Когда́ поступи́л в университе́т?	대학은 언제 들어갔습니까?
6. Где он учи́лся?	그는 어느 학교를 다녔습니다.
7. Когда́ он был ста́ростой факульте́та?	그는 언제 학부회장이 되었습니까?
8. Когда́ он был президе́нтом студе́нческого сове́та?	그는 언제 학생회 대표가 되었습니까?
9. Когда́ он был в Англии?	그는 언제 영국에 있었습니까?
10. Когда́ роди́лись его́ роди́тели? Кто они́?	그의 부모님은 언제 태어났습니까? 그들은 무슨 일을 합니까?

ДИАЛОГ

- Когда́ вы на́чали изуча́ть ру́сский язы́к?
- В 2009 (две ты́сячи девя́том) году́.
- Когда́ вы е́здили в Росси́ю?
- В 2010 (две ты́сячи деся́том) году́.
- Когда́ вы ещё раз пое́дете в Росси́ю?
- В сле́дующем году́.

- 당신은 언제 러시아어를 배우기 시작했습니까?
- 2009년도입니다.
- 언제 러시아를 다녀오셨나요?
- 2010년도에 다녀왔습니다.
- 당신은 언제 러시아를 다시 가실 겁니다.
- 내년에 갈 것입니다.

ГРАММАТИКА

1. 연도 표현

월, 연도, 세기를 표현할 때 '전치사 в + 전치격'을 사용한다.

Како́й год?	몇 년?
1900 (ты́сяча девятьсо́тый) год	1900년
1991 (ты́сяча девятьсо́т девяно́сто пе́рвый) год	1991년
2000 (двухты́сячный) год	2000년
2003 (две ты́сячи тре́тий) год	2003년
2012 (две ты́сячи двена́дцатый) год	2012년
В каком году?	**몇 년도에?**
в 1900 (ты́сяча девятьсо́т**ом**) **году́**	1990년 도에
в 1991 (ты́сяча девятьсо́т девяно́сто пе́рв**ом**) **году́**	1991년 도에
в 2000 (двухты́сячн**ом**) **году́**	2000년 도에
в 2003 (две ты́сячи тре́ть**ем**) **году́**	2003년 도에
в 2012 (две ты́сячи двена́дцат**ом**) **году́**	2012년 도에

Когда́?	
в про́шлом году́	작년에
в э́том году́	올해에
в бу́дущем году́	내년에

2. 생격에 의한 표현

① 월, 일, 연도를 표현할 때 일은 순서수사의 중성 단수 주격으로, 월과 연도는 생격으로 나타낸다.

Како́е сего́дня число́?
Пе́рвое декабря́ две ты́сячи трина́дцатого го́да - (1.12.2013) Тре́тье ма́рта ты́сяча девятьсо́т девяно́сто пя́того года́ - (3.03.1995)

Како́е сего́дня число́?
오늘은 며칠입니까?
Сего́дня тре́тье ма́рта две ты́сячи трина́дцатого года́.
오늘은 2013년 3월 2일입니다.

② 'Когда́'에 대한 대답으로 어떤 일이 일어난 구체적인 날짜를 표현할 때 생격으로 표현한다.

Когда?
Пе́рвого декабря́ две ты́сячи трина́дцатого го́да - (1.12.2013) Тре́тьего ма́рта ты́сяча девятьсо́т девяно́сто пя́того го́да - (3.03.1995)

Когда́ вы роди́лись?
당신은 언제 태어났습니까?
Я ро́дился второ́го а́вгуста.
저는 8월 2일에 태어났습니다.

ЗАДАНИЯ И УПРАЖНЕНИЯ

1. 주어진 연도를 보고 보기와 같이 대답해 보세요.

〈보기〉
1998 г. - ты́сяча девятьсо́т девяно́сто восьмо́й год
- в ты́сяча девятьсо́т девяно́сто восьмо́м году
- Мой брат роди́лся в 1998 году́.

1) 2013	2) 2011	3) 2000	4) 2003
5) 1989	6) 1900	7) 1970	8) 1953
9) 1847	10) 2240	11) 1757	12) 1990
13) 2002	14) 2009	15) 2006	16) 1993

2. 주어진 월, 일, 연도를 보고 보기와 같이 대답해 보세요.

〈보기〉
2.03.1998 - второ́е ма́рта ты́сяча девятьсо́т девяно́сто восьмо́го го́да
- второ́го ма́рта ты́сяча девятьсо́т девяно́сто восьмо́го го́да
- Моя́ сестра́ родила́сь 2 ма́рта 1998 го́да.

1) 11.02.1989	2) 12.12.2012	3) 7.04.2003
5) 9.05.1945	6) 15.11.2000	7) 6.08.1990
9) 23.01.2008	10) 30.09.2008	11) 8.03.1961
13) 25.10.2010	14) 21.06.2002	15) 24.07.1997

3. 아래 사진의 사람들이 언제 태어났는지 말해보세요.

Алекса́ндр Серге́евич Пу́шкин	Лев Никола́евич Толсто́й	Фёдор Миха́йлович Достое́вский	Пётр Ильич Чайко́вский	Юрий Алексе́евич Гага́рин
1) 1799 г. 2) 6 ию́ня 3) 06.06.1799 г.	1) 1828 г. 2) 9 сентября́ 3) 9.09.1828 г.	1) 1821 г. 2) 11 ноября́ 3) 11.11.1821 г.	1) 1840 г. 2) 7 ма́я 3) 7.05.1840 г.	1) 1934 г. 2) 9 ма́рта 3) 9.03.1934 г.

4. 다음 대화를 완성해 보세요.

1) - Когда́ вы зако́нчили шко́лу?
- ________________________________.
- ________________________________?
- Я поступи́л в университе́т в ________________ году́.

2) - ________________________________?
- Я был в Росси́и в ________________ году́.
- Когда́ вы пое́дете в Росси́ю ещё раз?
- ________________________________.

3) - Когда́ у тебя́ день рожде́ния?
- ________________________________.
- Когда́ ты роди́лся?
- ________________________________.

5. 여러분의 이력서를 작성해 보세요.

Автобиогра́фия

Я, _______, роди́лся __________ в ____________, в ____________.
В ________ я поступи́л в сре́днюю шко́лу и зако́нчил её в _______.
В ______________ я поступи́л в __________________ (университе́т), на ____________________(факульте́т).
Мой оте́ц, _______, роди́лся __________ в __________, в _________.
Рабо́тает __________.
Моя́ мать, _______, родила́сь ________ в __________, в __________.
(сестра́, брат)...

6. 아래 질문들에 러시아어로 대답해 보세요.

1) Когда́ вы роди́лись?

2) Когда́ роди́лся ваш друг, ва́ша подру́га?

3) Когда́ вы поступи́ли в нача́льную шко́лу?

4) Когда́ вы зако́нчили шко́лу?

5) Когда́ вы поступи́ли в университе́т?

6) Когда́ вы е́здили в Росси́ю (за грани́цу)?

7) Когда́ вы пое́дете в Росси́ю?

8) Когда́ вы зако́нчите университе́т?

9) Когда́ вы на́чали изуча́ть ру́сский язы́к?

10) Когда́ вы отдыха́ли на мо́ре?

관용표현

Не име́й 100 рубле́й, а име́й 100 друзе́й

100루블을 가지지 말고 100명의 친구를 가져라
〈많은 친구가 많은 돈을 가진 것보다 더 중요하다는 표현이다〉

- Мари́на, неда́вно у меня́ была́ серьёзная пробле́ма. Спаси́бо, что друзья́ помогли́.
- Это пра́вда. **Не име́й 100 рублей, а име́й 100 друзе́й.**

MEMO

Урок 26

По́сле конце́рта мы пошли́ в кафе́.
음악회 후에 우리는 카페에 갔습니다.

기간 표현

По́сле заня́тия я бу́ду обе́дать.	수업 후에 나는 점심을 먹으러 갈 것입니다.
До заня́тия мы обы́чно занима́емся спо́ртом.	수업 전에 우리는 보통 운동을 합니다.
Во вре́мя учёбы я мно́го занима́лся ру́сским языко́м.	학업 기간 동안 나는 러시아어를 많이 공부합니다.
За ско́лько вре́мени вы сде́лаете э́то?	당신은 이것은 얼마동안 다하실 겁니까?
Ско́лько вре́мени вы бу́дете э́то де́лать?	당신은 이것을 얼마동안 하실 겁니까?
Каки́е у вас пла́ны на понеде́льник?	당신은 월요일에 어떤 계획을 가지고 계세요?

ПОЧИТАЕМ

По́сле конце́рта

Сего́дня я и Па́вел ходи́ли на конце́рт, кото́рый проходи́л в городско́й филармо́нии. До конце́рта мы пообе́дали в ма́леньком, но ую́тном кафе́ о́коло филармо́нии. Мы говори́ли о му́зыке, о Чайко́вском, Проко́фьеве и Гли́нке.

Мой друг всегда́ мечта́л стать пиани́стом. Во вре́мя учёбы в нача́льной шко́ле он на́чал увлека́ться класси́ческой му́зыкой. По́сле оконча́ния шко́лы Па́вел поступи́л в консервато́рию.

За 3 го́да он осво́ил програ́мму обуче́ния в консервато́рии. Пото́м Па́вел реши́л пое́хать в Герма́нию на год, что́бы да́льше изуча́ть му́зыку.

Неда́вно он прие́хал в Росси́ю и пригласи́л меня́ на конце́рт. Я не о́чень люблю́ кла́ссику. Мне нра́вится совреме́нная му́зыка. Но я не мог отказа́ть дру́гу.

По́сле конце́рта мы гуля́ли по це́нтру го́рода, говори́ли о разли́чиях ме́жду кла́ссикой и поп-му́зыкой. Пото́м до́лго сиде́ли в кафе́. Как хорошо́ встре́тить ста́рого дру́га!

П. И. Чайко́вский бале́т "Лебеди́ное о́зеро"	С. С. Проко́фьев бале́т "Ро́мео и Джулье́тта"	М. И. Гли́нка о́пера "Русла́н и Людми́ла"

음악회 후에

오늘 나와 빠벨은 시 교향악단이 연주하는 음악회에 다녀왔습니다. 음악회 전에 우리는 교향악단 음악회장 근처에 있는 작지만 아늑한 카페에서 점심을 먹었습니다. 우리는 음악에 대해서, 차이코프스끼와 쁘로꼬피예프, 글린까에 대해서 이야기했습니다.

나의 친구는 항상 피아니스트가 되기를 희망했습니다. 초등학교에 다는 동안 그는 클래식 음악에 심취하기 시작했습니다. 학교를 졸업한 후 그는 음악원에 입학했습니다.

3년 동안 그는 음악원의 교육 과정을 습득했습니다. 그 뒤 빠벨은 음악을 더 공부하기 위해 1년간 독일에 가기로 결정했었습니다.

최근 그는 러시아로 돌아왔고 나를 음악회로 초대했습니다. 나는 고전음악을 그리 좋아하는 편은 아닙니다. 저는 현대음악을 좋아합니다. 하지만 저는 친구의 초대를 거절할 수 없었습니다.

음악회 후에 우리는 도시 시내를 산책하면서 고전음악과 팝음악 간의 차이점들에 대해 이야기했습니다. 그 뒤 오랫동안 카페에 앉아있었습니다. 옛친구를 만나는 것은 이렇게 좋습니다!

СЛОВАРЬ

городско́й	도시의
филармо́ния	교향악단, 필하모니
ую́тный	쾌적한, 아늑한
пиани́ст	피아니스트
класси́ческий	고전의
оконча́ние	졸업
програ́мма	프로그램
обуче́ние	교육
пригласи́ть (кого?; куда?)	초대하다
кла́ссика	고전음악
разли́чие	차이점
поп-му́зыка	팝음악

ПОГОВОРИМ

1. Куда́ ходи́ли друзья́?	친구들은 어디를 다녀왔습니까?
2. Что они́ де́лали до конце́рта?	그들은 음악회 전에 무엇을 했습니까?
3. Когда́ Па́вел на́чал увлека́ться кла́ссикой?	빠벨은 언제 고전 음악에 심취하기 시작했습니까?
4. Кем он хоте́л стать?	그는 무엇이 되길 원했습니까?
5. За ско́лько Па́вел осво́ил програ́мму консервато́рии?	얼마동안 빠벨은 음악원 과정을 습득했습니까?
6. Что он де́лал по́сле оконча́ния консервато́рии?	그는 음악원 졸업 후에 무엇을 했습니까?
7. Что друзья́ де́лали по́сле конце́рта?	음악회 후에 친구들은 무엇을 했습니까?
8. Каку́ю му́зыку вы лю́бите?	여러분은 어떤 음악을 좋아합니까?
9. Расскажи́те, что написа́ли Чайко́вский, Прoко́фьев, Гли́нка.	차이꼬프스끼, 쁘로꼬피예프, 글린까가 무엇을 작곡했는지 말해보세요.
10. Каки́х росси́йский компози́торов, музыка́нтов, певцо́в вы зна́ете?	여러분은 어떤 러시아 작곡가, 음악가, 가수들을 알고 있습니까?

ДИАЛОГ

- Са́ша, каки́е у тебя́ пла́ны на сего́дня?
- Сего́дня у меня́ мно́го дел. В 9 часо́в я е́ду в университе́т. По́сле заня́тий иду́ в библиоте́ку. Я до́лжен написа́ть рефера́т.
- За ско́лько ты его́ напи́шешь?
- Я ду́маю, что бу́ду писа́ть 2 часа́. По́сле библиоте́ки мне на́до идти́ на трениро́вку.
- Что ты бу́дешь де́лать до трениро́вки?
- Я пообе́даю в столо́вой.
- Что вы обы́чно де́лаете во вре́мя трениро́вки?
- Мы бе́гаем, де́лаем гимна́стику, пото́м игра́ем в футбо́л.

- 사샤, 너는 오늘 어떤 계획이 있니?
- 오늘 나는 일이 많아. 9시에 학교에 가. 수업 후에는 도서관에 갈 거야 레포트를 써야해.
- 너는 레포트를 얼마동안 쓸거니?
- 내 생각에 2시간 정도 쓸 것 같아. 도서관 후에는 운동하러 가야해.
- 운동전까지 너는 무엇을 할 거니?
- 식당에서 점심을 먹을 거야.
- 너희들은 운동시간에 보통 무엇을 하니?
- 우리는 달리기를 하고 체조를 한 후 축구를 해.

ГРАММАТИКА

1. 시간과 관련된 전치사

<table>
<tr><td rowspan="4">до
по́сле
во вре́мя</td><td rowspan="4">чего?</td><td rowspan="4">~까지
~후에
~하는동안</td><td>уро́ка</td><td>남성</td></tr>
<tr><td>рабо́ты
трениро́вки
ле́кции</td><td>여성</td></tr>
<tr><td>заня́тия</td><td>중성</td></tr>
<tr><td>уро́ков
заня́тий
ле́кций
трениро́вок</td><td>복수</td></tr>
</table>

2. 기간 표현

'얼마동안'의 기간을 표현하는 방법에는 〈전치사없는 대격〉, 〈전치사 за + 대격〉을 사용하는 방법 2가지가 있다.

① 〈전치사없는 대격〉

'전치사 없이 대격'으로만 기간을 표현하는 경우에는 '~동안'이란 의미로 불완료상 동사와 결합하며, 동사가 행한 시간만을 나타내준다.

<table>
<tr><th colspan="6">Ско́лько вре́мени вы бу́дете де́лать э́то?
당신은 이것을 얼마동안 하실 겁니까?</th></tr>
<tr><td rowspan="6">1</td><td>час</td><td rowspan="6">2, 3, 4</td><td>часа́</td><td rowspan="6">5~20</td><td>часо́в</td></tr>
<tr><td>день</td><td>дня</td><td>дней</td></tr>
<tr><td>ме́сяц</td><td>ме́сяца</td><td>ме́сяцев</td></tr>
<tr><td>год</td><td>го́да</td><td>лет</td></tr>
<tr><td>мину́ту</td><td>мину́ты</td><td>мину́т</td></tr>
<tr><td>неде́лю</td><td>неде́ли</td><td>неде́ль</td></tr>
</table>

② 〈전치사 за + 대격〉

'전치사 за + 대격'은 '~동안'이란 의미로 완료상 동사와 결합하며, 동사가 행위를 완수한 시간을 한정해 준다.

За ско́лько вы сде́лаете э́то? 당신은 이것을 얼마동안 다 하실 겁니까?
за 1(оди́н) час за 2(две) неде́ли за 5 ме́сяцев за 10 лет за ле́то за зи́му

③ 〈전치사 на + 대격〉

'전치사 на + 대격'는 '얼마 예정으로'란 의미로 완료상 동사와 결합하며, 일반적으로 어떠한 계획, 일정 등의 기간을 나타낸다.

На ско́лько вы е́дете в Росси́ю? 당신은 얼마의 기간을 계획으로 러시아에 갑니까?
на день
на ме́сяц
на неде́лю
на суббо́ту
на воскресе́нье
на ле́то

ЗАДАНИЯ И УПРАЖНЕНИЯ

1. 다음 주어진 질문에 알맞게 답해보세요.

а) 오른쪽 단어들을 아래 주어진 전치사 뒤에 올바른 표현으로 고치세요.

1) До ____________________	ле́кция, семина́р, кани́кулы, рабо́та, слу́жба, учёба
2) По́сле _________________	за́втрак, трениро́вка, заня́тия, стажиро́вка, гимна́стика, бег
3) Во́ время _______________	о́тдых, пла́вание, и́гры, сон, обе́д, у́жин, уро́ки

б) 위의 표현들을 활용하여 문장을 만들어 보세요.

2. 오른쪽에서 올바른 표현을 골라 문장을 완성해 보세요.

1) Мы де́лали э́ту рабо́ту ______________. - Мы сде́лали её ______________.	два дня
2) Эту зада́чу студе́нты реши́ли ______________. - Они́ реша́ли её ________________.	час
3) Обы́чно мы обе́даем ________________. - Сего́дня мы пообе́дали ________________.	30 мину́т
4) По́сле уро́ка де́ти отдохну́ли _______________. - Обы́чно они́ отдыха́ют ______________.	10 мину́т
5) Ве́ра написа́ла рефера́т ________________. - Она́ писа́ла его́ _______________.	неде́лю
6) Оле́г чита́л кни́гу ______________. - Он прочита́л её ______________.	ме́сяц

3\. 아래 대화들을 완성해 보세요.

1) - ________________________________?
- Мы поéхали отдыхáть на лéто.
- ________________________________?
- Мы приéдем в áвгусте.

2) - За скóлько ты написáл э́тот тест?
- ________________________________.
- Скóлько врéмени ты дéлал граммáтику?
- ________________________________.

3) - ________________________________?
- Пóсле заня́тия мы пошли́ обéдать?
- ________________________________?
- Во врéмя заня́тия мы читáли нóвую статью́.

4\. 주어진 문장들을 완성해 보세요.

1) За весь вéчер ________________________.

2) За весь мéсяц ________________________.

3) За все кани́кулы ______________________.

4) За все гóды учёбы в шкóле ______________.

5) За всю истóрию Корéи _________________.

6) За всю истóрию человéчества _____________.

5. 아래 질문들에 러시아어로 대답해 보세요.

1) Расскажи́те, каки́е у вас пла́ны на э́ту неде́лю.

2) Каки́е пла́ны у вас на ме́сяц?

3) Каки́е пла́ны у вас на э́тот год?

4) Что вы де́лаете до заня́тий?

5) Что вы де́лаете во вре́мя заня́тий?

6) Что вы де́лаете по́сле заня́тий?

7) Ско́лько вре́мени вы де́лаете дома́шнее зада́ние?

8) За ско́лько вре́мени вы доезжа́ете до университе́та?

9) На ско́лько мо́жно взять кни́ги в библиоте́ке университе́та?

10) Ско́лько вре́мени вы обы́чно занима́етесь ру́сским языко́м?

관용표현

Мой дом - моя́ кре́пость

나의 집은 나의 요새이다
〈집과 가족은 사람에게 있어 매우 중요하다는 표현이다〉

- В любо́й тру́дной ситуа́ции мне помога́ет моя́ семья́.
- Лю́ди говоря́т, **мой дом - моя́ кре́пость.**

MEMO

Урок 27

Макси́м прекра́сно бе́гает и пла́вает.
막심은 달리고 수영하는 것을 매우 잘합니다.

운동동사(3)

Како́й вид спо́рта вы лю́бите?	당신은 어떤 스포츠 종목을 좋아합니까?
Мы ча́сто пла́ваем в бассе́йне.	우리는 자주 수영장에서 수영을 합니다.
Я люблю́ лета́ть на самолёте.	나는 비행기를 타고 가는 것을 좋아합니다.
За́втра они́ летя́т за грани́цу.	내일 그들은 외국으로 갑니다.
Ка́ждый день я бе́гаю по па́рку.	매일 나는 공원을 달립니다.
За́втра он бежи́т 100 ме́тров.	내일 그는 100미터 달리기를 합니다.

ПОЧИТАЕМ

Спорт, спорт, спорт...

Ка́ждый день по́сле заня́тий в университе́те я занима́юсь спо́ртом. Мы с Макси́мом хо́дим на трениро́вку в пла́вательный бассе́йн. Я ещё то́лько учу́сь пла́вать, а вот мой друг - отли́чный плове́ц. Макси́м о́чень бы́стрый. Тре́нер всегда́ его́ хва́лит. Во вре́мя трениро́вки он снача́ла де́лает гимна́стику, бе́гает. По́сле разми́нки Макси́м обы́чно пла́вает 50 ме́тров, пото́м 100 ме́тров.

Я люблю́ бе́гать. Ка́ждый день у́тром я бе́гаю по па́рку. Снача́ла бегу́ до спорти́вной площа́дки. Там я немно́го размина́юсь. Пото́м бегу́ да́льше. Ча́сто мы с Макси́мом бе́гаем вме́сте.

Но в после́днее вре́мя мой друг за́нят. Он усе́рдно трениру́ется, пото́му́ что ско́ро лети́т на соревнова́ние за грани́цу. Макси́м ча́сто лета́ет на соревнова́ния.

운동, 운동, 운동...

매일 학교에서 수업 후에 나는 운동을 합니다. 막심과 나는 수영장으로 연습하러 갑니다. 나는 이제 막 수영하는 것을 배우고 있지만, 나의 친구는 훌륭한 수영선수입니다. 막심은 매우 빠릅니다. 트레이너는 항상 그를 칭찬합니다. 연습하는 동안 그는 맨처음에 체조를 하고, 달리기를 합니다. 근육을 푼 후 막심은 보통 50미터, 그 뒤에 100미터를 수영합니다.

나는 달리기를 좋아합니다. 매일 아침에 나는 공원을 달립니다. 처음에는 스포츠 광장까지 달립니다. 거기에서 나는 근육을 조금 풀어줍니다. 그 뒤 더 많이 달립니다. 막심과 나는 종종 함께 달리기를 하곤 합니다.

하지만 최근 나의 친구가 바쁩니다. 그는 곧 해외 시합에 가기 위해서 열심히 훈련을 하고 있습니다. 막심은 자주 경기에 나갑니다.

СЛОВАРЬ

трениро́вка	연습, 훈련
пла́вательный	헤엄치기 위한
бассе́йн	수영장
пловéц	수영선수
бы́стрый	빠른
тре́нер	트레이너
хвали́ть (кого? за что?)	칭찬하다
гимна́стика	체조
разми́нка	근육풀기, 신체풀기
метр	미터
размина́ться	신체, 근육을 풀다
тренирова́ться	훈련하다
соревнова́ние	경기, 시합
за грани́цу	해외에

ПОГОВОРИМ

1. Каки́м ви́дом спо́рта занима́ется Макси́м?	막심은 어떤 스포츠 종목을 하고 있습니까?
2. Что лю́бит гла́вный геро́й?	주인공은 무엇을 좋아합니까?
3. Что Макси́м де́лает во вре́мя трениро́вки?	막심은 훈련시간동안 무엇을 합니까?
4. Где обы́чно бе́гает гла́вный геро́й?	주인공은 보통 어디에서 달리기를 합니까?
5. Почему́ Макси́м за́нят?	왜 막심이 바쁩니까?
6. Куда́ он ско́ро лети́т?	그는 어디로 곧 갑니까?
7. Куда́ ча́сто лета́ет Макси́м?	막심은 어디를 자주 날아갑니까?
8. Что тре́нер ду́мает о Максиме?	막심에 대해 트레이너는 어떻게 생각합니까?
9. Како́й вид спо́рта вы лю́бите?	당신은 어떤 스포츠 종목을 좋아합니까?
10. Каки́м спо́ртом вы занима́етесь?	당신은 어떤 운동을 합니까?

ДИАЛОГ

- Артём, какóй вид спóрта вы лю́бите?
- Мне нрáвятся футбóл, баскетбóл, воллейбóл. Я чáсто хожу́ на стадиóн и смотрю́ мáтчи. Сергéй, что вы лю́бите?
- Я люблю́ тéннис и пинг-пóнг. Когдá есть врéмя, игрáю с друзья́ми в тéннис или пинг-пóнг. Я тóже чáсто хожу́ на стадиóн. Мне нрáвится бейсбóл.
- Я тóже люблю́ бейсбóл. В пя́тницу бу́дет игрá. Пойдёмте вмéсте!

- 아르쫌, 당신은 어떤 스포츠 종목을 좋아하세요?
- 저는 축구, 농구, 배구를 좋아합니다. 저는 자주 경기장으로 가서 시합을 보곤 해요. 세르게이, 당신은 무엇을 좋아하세요?
- 저는 테니스와 탁구를 좋아해요. 시간이 있을 때 친구들과 테니스나 탁구를 해요. 저도 역시 자주 경기장을 갑니다. 저는 야구를 좋아해요.
- 저도 역시 야구를 좋아합니다. 금요일에 경기가 있어요. 함께 가요!

ГРАММАТИКА

1. 정태동사와 부정태동사

① 정태동사는 정해진 한 방향으로 진행되는 동작을 나타내고, 부정태동사는 여러방향 및 일정하지 않는 방향으로 진행되는 동작을 나타낸다.

동사 원형 \ 인칭	бежáть	бéгать	плыть	плáвать	летéть	летáть
	(정태동사)	(부정태동사)	(정태동사)	(부정태동사)	(정태동사)	(부정태동사)
	달려가다		수영하다		날아가다	
я	бéгу	бéгаю	плыву́	плáваю	лечу́	летáю
ты	бежи́шь	бéгаешь	плывёшь	плáваешь	лети́шь	летáешь
он	бежи́т	бéгает	плывёт	плáвает	лети́т	летáет
мы	бежи́м	бéгаем	плывём	плáваем	лети́м	летáем
вы	бежи́те	бéгаете	плывёте	плáваете	лети́те	летáете
они	бегу́т	бéгают	плыву́т	плáвают	летя́т	летáют
과거형	бежáл (-а, -и)	бéгал (-а, -и)	плыл (-а, -и)	плáвал (-а, -и)	летéл (-а, -и)	летáл (-а, -и)

② 정태동사의 경우 진행하는 방향의 목표점은 전치사 〈в/на+ 대격〉으로, 행위가 출발된 지점은 〈из/с + 생격〉으로 표현한다.

бежа́ть, плыть, лете́ть			
куда́?		отку́да?	
в университе́т	학교로	**из** университе́та	학교에서
на о́стров	섬으로	**с** о́строва	섬에서
в Аме́рику	미국으로	**из** Аме́рики	미국에서
в Росси́ю	러시아로	**из** Росси́и	러시아에서

2. 결합 구문

정태동사와 부정태 동사와 자주 결합하는 주요 구문들이 있다.

정태동사	
정태동사와 자주 사용되는 구문: **сейча́с, сего́дня, в 2 часа́, за́втра**	
Сейча́с я **бе́гу** в университе́т.	지금 나는 학교로 달려가고 있다.
Сего́дня мы **лети́м** в Евро́пу.	오늘 우리는 유럽으로 날아간다.
В 2 часа́ мы **плывём** на о́стров.	2시에 우리는 섬으로 항해해간다.

부정태동사	
부정태동사와 자주 사용되는 구문: **ка́ждый день, всегда́, ча́сто, иногда́**	
Ка́ждый день я **бе́гаю** в университе́т.	매일 나는 학교로 달려간다.
Ка́ждое ле́то мы **лета́ем** в Евро́пу.	여름마다 우리는 유럽에 간다.
Мы ча́сто **пла́ваем** на о́стров.	우리는 자주 섬에 항해해간다.

3. 교통 수단 〈на чём〉

운동 동사와 함께 사용되는 교통 수단은 전치사 на + 전치격을 사용한다.

плыть - пла́вать лете́ть - лета́ть	на чём?	на кора́бле, на ло́дке, на я́хте на самолёте, на раке́те, на вертолёте

ВЫРАЖЕНИЯ

Вре́мя идёт, бежи́т, лети́т!	시간이 간다, 뛰어간다, 날아간다!
Го́ды иду́т, бегу́т, летя́т!	해가 간다, 뛰어간다, 날아간다!

ЗАДАНИЯ И УПРАЖНЕНИЯ

1. 다음 동사들을 활용해서 문장을 완성해 보세요.

а) <плыть - пла́вать>

1) Мы ча́сто ___________ на э́тот о́стров.

2) За́втра я ___________ на корабле́.

3) Сего́дня они́ ___________ в Япо́нию.

4) Ка́ждое ле́то он ___________ на я́хте.

5) Али́са хорошо́ ___________.

б) <лете́ть - лета́ть>

1) Ско́ро студе́нты ___________ в Аме́рику.

2) Обы́чно мы ___________ в Росси́ю ле́том.

3) Они́ ___________ за́втра у́тром.

4) Я ___________ в Коре́ю по́сле экза́менов.

5) Пингви́ны не ___________.

в) <бежа́ть - бе́гать>

1) Мы ___________ за́втра на рассве́те.

2) Я ___________ ка́ждое у́тро.

3) В следующем году они __________ на этих соревнованиях.

4) Она __________ очень быстро.

5) Куда вы __________?

2. 다음 질문들에 대한 답을 말해보세요.

질문 유형		
Куда вы летали?	Откуда вы летите?	Где вы были?

1) Россия - Москва
2) Корея - Сеул
3) Бразилия - карнавал
4) Германия - фестиваль
5) Париж - выставка
6) Иркутск - озеро Байкал
7) Санкт-Петербург - Эрмитаж
8) Тайланд - море
9) Ватикан - экскурсия
10) Англия - футбол

3. 보기와 같이 문장을 완성해 보세요.

〈보기〉
Самолёт Москва - Сеул
→ Я лечу на самолёте из Москвы в Сеул.

1) Корабль Владивосток - Пусан
2) Самолёт Москва - Минск
3) Поезд Киев - Москва
4) Самолёт Токио - Пекин
5) Корабль Америка - Африка
6) Электричка Москва - Коломенское

4. 오른쪽 동사들을 활용해서 대화를 완성해 보세요.

1)	- Ива́н Петро́вич, куда́ вы _________ э́тим ле́том? - Мы _________ на мо́ре. - Куда вы _________ про́шлым ле́том? - В Пари́ж. Но обы́чно мы _________ в Ка́нны.	лете́ть - лета́ть
2)	- Куда́ ты _________ ? - Я _________ в университе́т, я опа́здываю. - Са́ша, что ты де́лаешь обы́чно ве́чером? - Я _________ в па́рке.	бежа́ть - бе́гать
3)	- На чём вы _______ в Аме́рику про́шлым ле́том? - На кора́бле. - Куда́ вы ___________ э́тим ле́том? - Пока́ не зна́ю.	плыть - пла́вать

5. 아래 질문들에 러시아어로 대답해 보세요.

1) Вы лю́бите лета́ть на самолёте?
2) Куда́ вы лета́ли на самолёте?
3) Что вы там де́лали?
4) Вы лю́бите пла́вать на корабле́?
5) Куда́ вы пла́вали на корабле́?
6) Вы лю́бите бе́гать? Вы хорошо́ бе́гаете?
7) Где вы обы́чно бе́гаете?
8) Вы лю́бите пла́вать? Вы хорошо́ пла́ваете?
9) Где вы обы́чно пла́ваете?
10) Како́й вид спо́рта вы лю́бите?

관용표현

Москва́ не сра́зу стро́илась

모스크바는 하루아침에 이루어지지 않았다.
〈중요하고 큰 일은 짧은 기간 동안에 할 수 없으며, 서두르지 말고 인내가 필요하다는 표현이다〉

- Я о́чень хочу́ быстре́е зако́нчить мой прое́кт, но не хвата́ет вре́мени.
- Ты же зна́ешь, **Москва́ не сра́зу стро́илась.** Тебе́ не на́до спеши́ть.

<러시아어 문법표>

1. 명사 격변화

남성명사 단수				
주격(1격)	журна́л	студе́нт	учени́к	карада́ш
생격(2격)	журна́ла	студе́нта	ученика́	карадаша́
여격(3격)	журна́лу	студе́нту	ученику́	карадашу́
대격(4격)	журна́л	студе́нта	ученика́	карада́ш
조격(5격)	журна́лом	студе́нтом	ученико́м	карадашо́м
전치격(6격)	журна́ле	студе́нте	ученике́	карадаше́
남성명사 복수				
주격(1격)	журна́лы	студе́нты	ученики́	карадаши́
생격(2격)	журна́лов	студе́нтов	ученико́в	карадаше́й
여격(3격)	журна́лам	студе́нтам	ученика́м	карадаша́м
대격(4격)	журна́лы	студе́нтов	ученико́в	карадаши́
조격(5격)	журна́лами	студе́нтами	ученика́ми	карадаша́ми
전치격(6격)	журна́лах	студе́нтах	ученика́х	карадаша́х

남성명사 단수				
주격(1격)	трамва́й	геро́й	санато́рий	писа́тель
생격(2격)	трамва́я	геро́я	санато́рия	писа́теля
여격(3격)	трамва́ю	геро́ю	санато́рию	писа́телю
대격(4격)	трамва́й	геро́я	санато́рий	писа́теля
조격(5격)	трамва́ем	геро́ем	санато́рием	писа́телем
전치격(6격)	трамва́е	геро́е	санато́рии	писа́теле
남성명사 복수				
주격(1격)	трамва́и	геро́и	санато́рии	писа́тели
생격(2격)	трамва́ев	геро́ев	санато́риев	писа́телей
여격(3격)	трамва́ям	геро́ям	санато́риям	писа́телям
대격(4격)	трамва́и	геро́ев	санато́рии	писа́телей
조격(5격)	трамва́ями	геро́ями	санато́риями	писа́телями
전치격(6격)	трамва́ях	геро́ях	санато́риях	писа́телях

- 남성명사는 경변화와 연변화 규칙으로 구분된다.
- 불활동체 남성 명사는 주격과 대격이 동일하고, 활동체 남성명사는 주격과 생격형태가 동일하다. 이 규칙은 단수, 복수 모두 적용된다.
- 자음 -г, к, х로 끝나는 명사들은 복수 주격 어미 и를 가진다.
- 자음 -ж, ч, ш, щ로 끝나는 명사는 복수 주격 어미 и를 가지며, 단수 조격에서 강세가 어미에 있으며, -ом, 강세가 어간에 있으면 -ем를 가진다.
- 어형 변화시 모음 -о, е가 탈락하는 경우들도 있다. 예를 들면, оте́ц → отца́ ..., день → дня... 등이 있다.
- 그 외 불규칙 변화하는 남성명사들도 있다. 이러한 명사들은 특별히 기억해둬야 한다. 예를 들면, брат, муж, друг, сын 등이 있다.

여성명사 단수				
주격(1격)	ко́мната	сестра́	кни́га	студе́нтка
생격(2격)	ко́мнаты	сестры́	кни́ги	студе́нтки
여격(3격)	ко́мнате	сестре́	кни́ге	студе́нтке
대격(4격)	ко́мнату	сестру́	кни́гу	студе́нтку
조격(5격)	ко́мнатой	сестро́й	кни́гой	студе́нткой
전치격(6격)	ко́мнате	сестре́	кни́ге	студе́нтке
여성명사 복수				
주격(1격)	ко́мнаты	сёстры	кни́ги	студе́нтки
생격(2격)	ко́мнат	сестёр	кни́г	студе́нток
여격(3격)	ко́мнатам	сёстрам	кни́гам	студе́нткам
대격(4격)	ко́мнаты	сестёр	кни́ги	студе́нток
조격(5격)	ко́мнатами	сёстрами	кни́гами	студе́нтками
전치격(6격)	ко́мнатах	сёстрах	кни́гах	студе́нтках

여성명사 단수				
주격(1격)	столи́ца	неде́ля	дверь	вещь
생격(2격)	столи́цы	неде́ли	две́ри	ве́щи
여격(3격)	столи́це	неде́ле	две́ри	ве́щи
대격(4격)	столи́цу	неде́лю	дверь	вещь
조격(5격)	столи́цей	неде́лей	две́рью	ве́щью
전치격(6격)	столи́це	неде́ле	двери́	ве́щи

여성명사 복수				
주격(1격)	стол́ицы	нед́ели	дв́ери	в́ещи
생격(2격)	стол́иц	нед́ель	двер́ей	вещ́ей
여격(3격)	стол́ицам	нед́елям	двер́ям	вещ́ам
대격(4격)	стол́ицы	нед́ели	дв́ери	вещи
조격(5격)	стол́ицами	нед́елями	двер́ями	вещ́ами
전치격(6격)	стол́ицах	нед́елях	двер́ях	вещ́ах

◉ 여성명사는 단수에서는 활동체, 불활동체 구분이 없으나 복수에서는 구분이 있다. 여성명사 복수에서 불활동체 명사는 주격과 대격이 동일하고, 활동체 명사는 생격과 대격이 동일하다.

◉ 복수 생격에서 어미의 모음이 탈락된 후 어미에 자음 2개 이상 남는 경우 마지막 자음 앞에 모음 o, e를 첨가한다. 예를 들면, студ́ентка → студ́енток 등이 있다.

◉ 그 외 불규칙 변화하는 여성명사들도 있다. 이러한 명사들은 특별히 기억해둬야 한다. 예를 들면, мать, дочь 등이 있다.

중성명사 단수				
주격(1격)	сло́во	мо́ре	собра́ние	вре́мя
생격(2격)	сло́ва	мо́ря	собра́ния	вре́мени
여격(3격)	сло́ву	мо́рю	собра́нию	вре́мени
대격(4격)	сло́во	мо́ре	собра́ние	вре́мя
조격(5격)	сло́вом	мо́рем	собра́нием	вре́менем
전치격(6격)	сло́ве	мо́ре	собра́нии	вре́мени
중성명사 복수				
주격(1격)	слова́	моря́	собра́ния	времена́
생격(2격)	слов	море́й	собра́ний	времён
여격(3격)	слова́м	моря́м	собра́ниям	времена́м
대격(4격)	слова́	моря́	собра́ния	времена́
조격(5격)	слова́ми	моря́ми	собра́ниями	времена́ми
전치격(6격)	слова́х	моря́х	собра́ниях	времена́х

◉ 중성명사는 활동체, 불활동체 구분이 없으며, 단수와 복수 모두 주격과 대격이 동일하다.

◉ 복수 생격에서 어미의 모음이 탈락된 후 어미에 자음 2개 이상 남는 경우 마지막 자음 앞에 모음 о, е를 첨가한다. 예를 들면, окно́ → о́кон, письмо́ → пи́сем(마지막 자음 앞이 ь를 가진 경우 ь가 е로 바뀜) 등이 있다.

◉ 그 외 불규칙 변화하는 여성명사들도 있다. 이러한 명사들은 특별히 기억해두어야 한다. 예를 들면, мать, дочь 등이 있다.

2. 형용사 격변화

남성 형용사					
주격(1격)	но́вый	молодо́й	си́ний	хоро́ший	большо́й
생격(2격)	но́вого	молодо́го	си́него	хоро́шего	большо́го
여격(3격)	но́вому	молодо́му	си́нему	хоро́шему	большо́му
대격(4격)	но́вый нового	молодо́й молодо́го	си́ний си́него	хоро́ший хоро́шего	большо́й большо́го
조격(5격)	но́вым	молоды́м	си́ним	хоро́шим	больши́м
전치격(6격)	но́вом	молодо́м	си́нем	хоро́шем	большо́м
여성 형용사					
주격(1격)	но́вая	молода́я	си́няя	хоро́шая	больша́я
생격(2격)	но́вой	молодо́й	си́ней	хоро́шей	большо́й
여격(3격)	но́вой	молодо́й	си́ней	хоро́шей	большо́й
대격(4격)	но́вую	молоду́ю	си́нюю	хоро́шую	большу́ю
조격(5격)	но́вой	молодо́й	си́ней	хоро́шей	большо́й
전치격(6격)	но́вой	молодо́й	си́ней	хоро́шей	большо́й

중성 형용사					
주격(1격)	но́вое	молодо́е	си́нее	хоро́шее	большо́е
생격(2격)	но́вого	молодо́го	си́него	хоро́шего	большо́го
여격(3격)	но́вому	молодо́му	си́нему	хоро́шему	большо́му
대격(4격)	но́вое	молодо́е	си́нее	хоро́шее	большо́е
조격(5격)	но́вым	молоды́м	си́ним	хоро́шим	больши́м
전치격(6격)	но́вом	молодо́м	си́нем	хоро́шем	большо́м

복수 형용사					
주격(1격)	но́вые	молоды́е	си́ние	хоро́шие	больши́е
생격(2격)	но́вых	молоды́х	си́них	хоро́ших	больши́х
여격(3격)	но́вым	молоды́м	си́ним	хоро́шим	больши́м
대격(4격)	но́вые но́вых	молоды́е молоды́х	си́ние си́них	хоро́шие хоро́ших	больши́е больши́х
조격(5격)	но́выми	молоды́ми	си́ними	хоро́шими	больши́ми
전치격(6격)	но́вых	молоды́х	си́них	хоро́ших	больши́х

3. 대명사 격변화

1) 인칭대명사

단수					
	나	너	그	그녀	그것
주격(1격)	я	ты	он	она́	оно́
생격(2격)	меня́	тебя́	(н)его́	(н)её	(н)его́
여격(3격)	мне	тебе́	(н)ему́	(н)ей	(н)ему́
대격(4격)	меня́	тебя́	(н)его́	(н)её	(н)его́
조격(5격)	мной	тобой	(н)им	(н)ей	(н)им
전치격(6격)	мне	тебе́	нём	ней	нём

복수			
	우리	당신(당신들, 너희들)	그들
주격(1격)	мы	вы	они́
생격(2격)	нас	вас	(н)их
여격(3격)	нам	вам	(н)им
대격(4격)	нас	вас	(н)их
조격(5격)	на́ми	ва́ми	(н)и́ми
전치격(6격)	нас	вас	(н)их

2) 소유대명사

단수						
	남성	여성	중성	남성	여성	중성
주격(1격)	мой	моя	моё	твой	твоя	твоё
생격(2격)	моего́	мое́й	моего́	твоего́	твое́й	твоего́
여격(3격)	моему́	мое́й	моему́	твоему́	твое́й	твоему́
대격(4격)	мой моего́	мою́	моё	твой твоего́	твою́	твоё
조격(5격)	мои́м	мое́й	мои́м	твои́м	твое́й	твои́м
전치격(6격)	моём	мое́й	моём	твоём	твое́й	твоём
주격(1격)	наш	наша	наше	ваш	ваша	ваше
생격(2격)	на́шего	на́шей	на́шего	ва́шего	ва́шей	ва́шего
여격(3격)	на́шему	на́шей	на́шему	ва́шему	ва́шей	ва́шему
대격(4격)	наш на́шего	на́шу	наше	ваш ва́шего	ва́шу	ваше
조격(5격)	на́шим	на́шей	на́шим	ва́шим	ва́шей	ва́шим
전치격(6격)	на́шем	на́шей	на́шем	ва́шем	ва́шей	ва́шем

복수				
주격(1격)	мои́	твои́	на́ши	ва́ши
생격(2격)	мои́х	твои́х	на́ших	ва́ших
여격(3격)	мои́м	твои́м	на́шим	ва́шим
대격(4격)	мои́ мои́х	твои́ твои́х	на́ши на́ших	ва́ши ва́ших
조격(5격)	мои́ми	твои́ми	на́шими	ва́шими
전치격(6격)	мои́х	твои́х	на́ших	ва́ших

3) 지시대명사

	단수			복수
	남성	여성	중성	
주격(1격)	э́тот	э́та	э́то	э́ти
생격(2격)	э́того	э́той	э́того	э́тих
여격(3격)	э́тому	э́той	э́тому	э́тим
대격(4격)	э́тот э́того	э́ту	э́то	э́ти э́тих
조격(5격)	э́тим	э́той	э́тим	э́тими
전치격(6격)	э́том	э́той	э́том	э́тих

	단수			복수
	남성	여성	중성	
주격(1격)	тот	та	то	те
생격(2격)	того́	той	того́	тех
여격(3격)	тому́	той	тому́	тем
대격(4격)	тот того́	ту	то	те тех
조격(5격)	тем	той	тем	те́ми
전치격(6격)	том	той	том	тех

4) 의문대명사

주격(1격)	кто	что
생격(2격)	кого́	чего́
여격(3격)	кому́	чему́
대격(4격)	кого́	чего́
조격(5격)	кем	чем
전치격(6격)	ком	чём

5) 소유 의문 대명사

	단수			복수
	남성	여성	중성	
주격(1격)	чей	чья	чьё	чьи
생격(2격)	чьего́	чьей	чьего́	чьих
여격(3격)	чьему́	чьей	чьему́	чьим
대격(4격)	чей чьего́	чью	чьё	чьи чьих
조격(5격)	чьим	чьей	чьим	чьи́ми
전치격(6격)	чьём	чьей	чьём	чьих

6) 기타 대명사

	단수			복수
	남성	여성	중성	
주격(1격)	весь	вся	всё	все
생격(2격)	всего́	всей	всего́	всех
여격(3격)	всему́	всей	всему́	всем
대격(4격)	весь всего́	всю	всё	все всех
조격(5격)	всем	всей	всем	все́ми
전치격(6격)	всём	всей	всём	всех

	단수			복수
	남성	여성	중성	
주격(1격)	сам	сама́	само́	са́ми
생격(2격)	самого́	само́й	самого́	сами́х
여격(3격)	самому́	само́й	самому́	сами́м
대격(4격)	сам самого́	саму́ самоё	само́	са́ми сами́х
조격(5격)	сами́м	само́й	сами́м	сами́ми
전치격(6격)	само́м	само́й	само́м	сами́х

4. 수사

1) 개수사와 순서수사

	сколько	который
1	оди́н	пе́рвый
2	два	второ́й
3	три	тре́тий
4	четы́ре	четвёртый
5	пять	пя́тый
6	шесть	шесто́й
7	семь	седьмо́й
8	во́семь	восьмо́й
9	де́вять	девя́тый
10	де́сять	деся́тый
11	оди́надцать	оди́надцатый
12	двена́дцать	двена́дцатый
13	трина́дцать	трина́дцатый
14	четы́рнадцать	четы́рнадцатый
15	пятна́дцать	пятна́дцатый
16	шестна́дцать	шестна́дцатый
17	семна́дцать	семна́дцатый
18	восемна́дцать	восемна́дцатый
19	девятна́дцать	девятна́дцатый
20	два́дцать	два́дцатый
30	три́дцать	тридца́тый
40	со́рок	сороково́й

50	пятьдеся́т	пятидеся́тый
60	шестьдеся́т	шестидеся́тый
70	се́мьдесят	семидеся́тый
80	во́семьдесят	восьмидеся́тый
90	девяно́сто	девяно́стый
100	сто	со́тый
700	семьсо́т	семисо́тый
800	восемьсо́т	восьмисо́тый
900	девятьсо́т	девятисо́тый
1000	ты́сяча	ты́сячный
2000	две ты́сячи	двухты́сячный
3000	три ты́сячи	трёхты́сячный
4000	четы́ре ты́сячи	четырёхты́сячный
5000	пять ты́сяч	пятиты́сячный
6000	шесть ты́сяч	шеститы́сячный
7000	семь ты́сяч	семиты́сячный
8000	во́семь ты́сяч	восьмиты́сячный
9000	де́вять ты́сяч	девятиты́сячный
10,000	де́сять ты́сяч	десятиты́сячный
20,000	два́дцать ты́сяч	двадцатиты́сячный
100,000	сто ты́сяч	стоты́сячный
1,000,000	миллио́н	миллио́нный

2) 수사의 어형변화

◉ 개수사에서 1만이 оди́н(남), одна́(여), одно́(중), одни́(복수) 형태를 가진다. 2는 два (남), две(여) 형태만을 가지며, 그 외 개수사는 남성형태만 가진다.

◉ 순서수사는 형용사와 동일한 성 · 수 · 격 변화어미를 가진다.

◉ 1000(тысяча), 1,000,000(миллион)은 명사로서 각각 단수와 복수 격변화를 한다.

	단수			복수
	남성	여성	중성	
주격(1격)	оди́н	одна́	одно́	одни́
생격(2격)	одного́	одно́й	одного́	одни́х
여격(3격)	одному́	одно́й	одному́	одни́м
대격(4격)	оди́н одного́	одну́	одно́	одни́ одни́х
조격(5격)	одни́м	одно́й	одни́м	одни́ми
전치격(6격)	одно́м	одно́й	одно́м	одни́х

	단수			복수
	남성	여성		
주격(1격)	два	две	три	четы́ре
생격(2격)	двух	двух	трёх	четырёх
여격(3격)	двум	двум	трём	четырём
대격(4격)	два двух	две двух	три трёх	четы́ре четырёх
조격(5격)	двумя́	двумя́	тремя́	четырьмя́
전치격(6격)	двух	двух	трёх	четырёх

◉ 〈5, 10, 11, 30 〉

주격(1격)	пять	де́сять	оди́ннадцать	три́дцать
생격(2격)	пяти́	десяти́	оди́ннадцати	тридцати́
여격(3격)	пяти́	десяти́	оди́ннадцати	тридцати́
대격(4격)	пять	де́сять	оди́ннадцать	три́дцать
조격(5격)	пятью́	десятью́	оди́ннадцатью	тридцатью́
전치격(6격)	пяти́	десяти́	оди́ннадцати	тридцати́

◉ 〈40, 100, 200, 500 〉

주격(1격)	со́рок	сто	две́сти	пятьсо́т
생격(2격)	сорока́	ста	двухсо́т	пятисо́т
여격(3격)	сорока́	ста	двухста́м	пятиста́м
대격(4격)	со́рок	сто	две́сти	пятьсо́т
조격(5격)	сорока́	ста	двухста́ми	пятьюста́ми
전치격(6격)	сорока́	ста	двухста́х	пятиста́х

5. 동사 변화

Ⅰ 식 동사변화				
	чита́ть(읽다)	гуля́ть(산책하다)	смея́ться(웃다)	дава́ть(주다)
Я	чита́ю	гуля́ю	смею́сь	даю́
Ты	чита́ешь	гуля́ешь	смеёшься	даёшь
Он Она	чита́ет	гуля́ет	смеётся	даёт
Мы	чита́ем	гуля́ем	смеёмся	даём
Вы	чита́ете	гуля́ете	смеётесь	даёте
Они	чита́ют	гуля́ют	смею́тся	даю́т
Он Она Оно Они	чита́л чита́ла чита́ли чита́ли	гуля́л гуля́ла гуля́ло гуля́ли	смея́лся смея́лась смея́лось смея́лись	дава́л дава́ла дава́ло дава́ли

Ⅱ 식 동사변화				
	говори́ть(말하다)	смотре́ть(보다)	лежа́ть(눕다)	учи́ться(배우다)
Я	говорю́	смотрю́	лежу́	учу́сь
Ты	говори́шь	смо́тришь	лежи́шь	у́чишься
Он Она	говори́т	смо́трит	лежи́т	у́чится
Мы	говори́м	смо́трим	лежи́м	у́чимся
Вы	говори́те	смо́трите	лежи́те	у́читесь
Они	говоря́т	смо́трят	лежа́т	у́чатся
Он Она Оно Они	говори́л говори́ла говори́ло говори́ли	смотре́л смотре́ла смотре́ло смотре́ли	лежа́л лежа́ла лежа́ло лежа́ли	учи́лся учи́лась учи́лось учи́лись

<해답편>

Урок 1

1.
1) кни́гу, рома́ны, статью́, эссе́, журна́л, письмо́, уче́бник
2) фильм, кино́, фанта́стику, спорт, но́вости, сериа́л, програ́мму
3) лингви́стику, матема́тику, исто́рию, текст, литерату́ру, культу́ру
4) письмо́, расска́з, дикта́нт, сло́ва, кни́гу, сочине́ние

2.
1) англи́йский язы́к, ру́сскую литерату́ру, коре́йскую исто́рию, европе́йскую культу́ру
2) совреме́нную лингви́стику, истори́ческие рома́ны, кита́йскую ку́хню, ру́сский язы́к
3) любо́вный фильм, америка́нское кино́, после́дние но́вости, вече́рнюю програ́мму
4) интере́сные кни́ги, но́вый журна́л, Росси́йскую газе́ту, популя́рное эссе́

Урок 2

1.
1) мою́ сестру́
2) твоего́ бра́та
3) мою́ дочь, моего́ сы́на
4) на́шего дире́ктора
5) ва́шего дру́га
6) ва́ших дете́й
7) твои́х роди́телей

2.

1) бли́зких друзе́й, америка́нскую актри́су, росси́йского футболи́ста
2) изве́стного спортсме́на, популя́рного певца́, свои́х роди́телей
3) коре́йскую певи́цу, молодо́го челове́ка, ва́шего дру́га

Урок 3

2.

коре́йский язы́к	по-коре́йски	Коре́я
япо́нский язы́к	по-япо́нски	Япо́ния
англи́йский язы́к	по-англи́йски	Англия
испа́нский язы́к	по-испа́нски	Испа́ния
кита́йский язы́к	по-кита́йски	Кита́й

Урок 4

1.

1) вам	5) студе́нту	9) де́душке	13) больни́це
2) ма́ме	6) им	10) Оле́гу	14) ему́
3) бра́ту	7) па́пе	11) тебе́	15) ма́тери
4) сестре́	8) ей	12) факульте́ту	16) отцу́

2.

1) ва́шему дру́гу, ма́леньким де́тям, мо́дному изда́нию, ста́рому ба́нку, ва́шим друзья́м, мои́м роди́телям
2) твоему́ бра́ту, ва́шей ма́ме, но́вым студе́нтам, совреме́нной молоде́жи, краси́вой де́вушке, коре́йскому о́бществу
3) ста́рым лю́дям, ма́ленькому ребёнку, моему́ де́душке, мла́дшей сестре́, больно́й соба́ке, на́шим сосе́дям

Урок 5

1.

1) в Аме́рике, в Росси́и, в Коре́е, в Англии, в Кита́е, в дере́вне, в го́роде, в Москве́, на проспе́кте, в кварти́ре, на у́лице, в до́ме №15
2) в шко́ле, в университе́те, в институ́те, в Сеу́ле, в Ирку́тске
3) в ба́нке, в больни́це, на по́чте, на вокза́ле, в фи́рме, на заво́де
4) во Фра́нции, в Япо́нии, в магази́не, в аэропорту́, в лесу́, в теа́тре, до́ма

2.

1) в вое́нной акаде́мии, в медици́нском институ́те, в госуда́рственных университе́тах, в но́вом ву́зе, на тре́тьем ку́рсе, на вто́ром ку́рсе
2) в большо́м ба́нке, в строи́тельной компа́нии, в Се́верной Аме́рике, на городско́й по́чте, в лингвисти́ческом университе́те, на но́вом ры́нке
3) в ма́ленькой кварти́ре, в ста́ром общежи́тии, на Ле́нинском проспе́кте, на Кра́сной пло́щади, в ти́хом райо́не

Урок 6

1.

1) в проду́ктовом магази́не, на городско́й по́чте, в центра́льном ба́нке
2) в ча́стной шко́ле, на лингвисти́ческом факульте́те, в госуда́рственном университе́те, на тре́тьем ку́рсе
3) в Южной Коре́е, в се́верном Кита́е, в центра́льной Росси́и, в провинциа́льном го́роде
4) на Ленингра́дском проспе́кте, на Тверско́й у́лице, на городско́м мосту́, в междунаро́дном аэропорту́
5) на кни́жной по́лке, в/на высо́ком шкафу́, в/на пи́сьменном столе́, на деревя́нном полу́

Урок 7

1.

1) о му́зыке
2) о студе́нте
3) о друзья́х
4) о любви́
5) об Анто́не
6) о роди́телях
7) о Москве́
8) об о́тдыхе
9) о зада́нии
10) о детя́х

2.

1) о мое́й ма́ме, о ста́ршей сестре́, о мла́дшем бра́те, о на́ших роди́телях
2) о ру́сском язы́ке, о коре́йской культу́ре, о на́шем университе́те, о но́вых студе́нтах
3) о краси́вом о́зере, об ую́тном до́ме, о класси́ческой му́зыке, о пожилы́х людя́х
4) о на́шем университе́те, о на́ших преподава́телях, о но́вой гру́ппе, о сло́жном заня́тии

Урок 8

3.

а)

1) мо́жем 2) мо́гут 3) мо́жете 4) могу́ 5) мо́жешь

б)

1) хоти́те 2) хо́чет 3) хотя́т 4) хо́чешь 5) хочу́

4.

1) я́блочный йо́гурт, нежи́рный сыр, смета́ну
2) све́жее мя́со, ку́рицу, копчёную ры́бу
3) шокола́дные конфе́ты, торт, пече́нье, шокола́д
4) францу́зское ви́но, ру́сскую во́дку, сок, напи́тки, неме́цкое пи́во

5) почто́вые ма́рки, поздрави́тельную откры́тку, конве́рт
6) кни́гу, слова́рь, истори́ческий рома́н, уче́бники

Урок 9

1.
1) изуча́ла 2) чита́л 3) занима́лись 4) игра́ли
5) учи́лись 6) писа́ли 7) смотре́ла

Урок 10

1.
1) начина́ется, конча́ется 2) начина́ет 3) начина́ет, конча́ет
4) начина́ет 5) начина́ем, конча́ем 6) конча́ет 7) начина́ю

Урок 11

1.
а)
1) У ста́ршей сестры́ 2) У пожилы́х люде́й 3) У на́шей ба́бушки
4) У моего́ де́душки 5) У ма́леньких дете́й
б)
1) свобо́дного вре́мени 2) си́льного на́сморка 3) серьёзной пробле́мы
4) высо́кой температу́ры 5) после́дней ле́кции

Урок 12

1.
1) лет 2) лет 3) го́да 4) лет 5) лет

6) год 7) го́да 8) лет 9) лет 10) го́да

2.

1) но́вому студе́нту, но́вой студе́нтке, Ди́ме, Анто́ну, Анне, Мари́не, на́шей гру́ппе
2) свое́й ма́тери, моему́ отцу́, ста́ршему бра́ту, ма́леньким детя́м
3) мое́й сестре́, хоро́шей подру́ге, дру́гу, дорого́му де́душке, Ната́ше, Ива́ну
4) люби́мой ба́бушке, ребёнку, Оле, Ми́ше

Урок 13

1.

1) ем, пью 2) еди́м, пьём 3) пьёт, пьёт
4) ешь 5) пьёте 6) едя́т, пьют

2.

1) писа́л, писа́ла 2) бу́дем учи́ться 3) рабо́тает 4) бу́дете де́лать
5) говори́ла 6) бу́дет чи́тать

Урок 14

1.

1) ме́неджером, юри́стом, экономи́стом, учи́телем, врачо́м, перево́дчиком
2) учи́тельницей, перево́дчицей, дире́ктором, по́варом, медсестро́й
3) космона́втом, президе́нтом, бизнесме́ном, отцо́м
4) преподава́телем, продавцо́м, диза́йнером, моде́лью, инжене́ром

3.

1) с ним 2) со мной 3) с ни́ми 4) с ва́ми 5) с тобо́й 6) со мной

4.
1) чёрной гуа́шью 2) ша́риковой ру́чкой 3) ва́шими голова́ми
4) нога́ми и голово́й 5) деревя́нными па́лочками 6) больши́м ножо́м

Урок 15

2.
а)
1) иду́т 2) иду́ 3) идёте 4) идём 5) иди́те 6) идёшь 7) идёт
б)
1) хо́дит 2) хо́дим 3) хожу́ 4) хо́дите
5) хо́дят 6) хо́дишь 7) не ходи́

3.
1) хо́дят 2) идём 3) хо́дят/иду́т 4) идёшь
5) не ходи́ 6) хожу́ 7) идёшь

4.
1) идёте, иду́, хо́дите 2) идёшь, иду́, иду́

Урок 16

2.
а)
1) е́дете 2) е́дем 3) е́дут 4) е́ду 5) е́дет 6) е́дешь
б)
1) е́здим 2) е́здите 3) е́зжу 4) е́здишь 5) е́здит 6) е́здят

3.
1) е́здят 2) е́дешь 3) е́зжу 4) е́дем 5) е́здите 6) е́здит 7) е́дете

Урок 17

2.

1) бы́ли 2) е́здил 3) ходи́ла 4) бы́ли 5) е́здил

3.

1) смотре́л 2) ви́дел 3) ви́жу 4) ви́дел, смо́трит

Урок 18

4.

1) покупа́ет 2) написа́ла 3) смо́трим, посмотре́ли 4) посмотре́ть
5) послу́шали 6) чита́л 7) прочита́л 8) сде́лал 9) ду́мает
10) спроси́ла 11) встаю́

Урок 19

2.

1) в Москву́, в Сеу́л, в Росси́ю, в Коре́ю, в Аме́рику, в Кита́й, в парк, на пло́щадь, на проспе́кт, в университе́т, домо́й
2) в библиоте́ку, в теа́тр, в музе́й, на вы́ставку, в кино́, в кафе́, на рабо́ту
3) на мо́ре, в больни́цу, в универма́г, во Фра́нцию, в Испа́нию, в банк
4) на у́лицу, на ры́нок, в магази́н, на по́чту, в шко́лу
5) из Санкт-Петербу́рга, из Владивосто́ка, из Коре́и, из Росси́и, из университе́та, из шко́лы
6) из до́ма, из магази́на, из больни́цы, с вы́ставки, с ры́нка, из универма́га, из библиоте́ки

3.

1) прие́хал 2) ушёл 3) отошли́ 4) вошли́ 5) уе́хал 6) вы́шли

Урок 20

1.

1) магази́на, по́чты, ба́нка, шко́лы, университе́та, ры́нка, музе́я, теа́тра, консервато́рии, универма́га, вы́ставки, па́рка, ста́нции, метро́
2) магази́ну, по́чте, ба́нку, шко́ле, университе́ту, ры́нку, музе́ю, теа́тру, консервато́рии, универма́гу, вы́ставке, па́рку, ста́нции, метро́

3.

1) до библиоте́ки 2) от вокза́ла 3) о́коло па́рка
4) напро́тив больни́цы 5) у де́душки в дере́вне 6) к тёте
7) у доски́ 8) с вы́ставки

4.

а)

1) вы́шли, уе́хали 2) вы́шли 3) дое́хали, вы́шли
4) пришла́ 5) подошёл 6) прие́хали, подошёл, вошли́, отошёл

б)

к бра́ту, о́коло па́рка, о́коло па́рка, до па́рка

Урок 21

1.

1) гра́дусов 2) гра́дусов 3) гра́дуса 4) гра́дуса 5) гра́дус

2.

1) в сентябре́ 2) в ма́рте 3) в ию́не 4) в декабре́
5) в ию́ле и в а́вгусте 6) в январе́

Урок 22

1.

1) поста́вили, сто́ит   2) поста́вили, сто́ит

3) положи́ла, лежа́т / поста́вила, стоя́т   4) повеси́л, виси́т

5) положи́л, лежи́т / поста́вил, сто́ит

3.

1) над столо́м   2) под дива́ном   3) на по́лке   4) о́коло шка́фа

5) ря́дом с холоди́льником   6) в су́мке   7) на шкафу́

8) ме́жду Ирой и Све́той   9) за столо́м   10) пе́ред Анто́ном

11) напро́тив Оле́си

Урок 23

1.

1) Мы пошли́ в парк, кото́рый нахо́дится о́коло университе́та.

2) В гру́ппу пришла́ де́вушка, кото́рая учи́лась в Аме́рике.

3) Я посла́л письмо́, кото́рое лежа́ло на сто́ле.

4) Это журна́лы, кото́рые я уже прочита́л.

5) Это моя́ сестра́, кото́рая живёт в Москве́.

6) Я купи́л биле́т на бале́т, кото́рый идёт в Большо́м теа́тре.

Урок 24

1.

1) Ди́ма у́мный, а Са́ша умне́е.

2) Мой друг тала́нтливый. Но моя́ подру́га тала́нтливее, чем он.

3) Эта кни́га хоро́шая, но та лу́чше.

4) Ка́тя трудолюби́вая, а На́стя трудолюби́вее, чем Ка́тя.

5) По́езд бы́стрый, а самолёт быстре́е.
6) Санкт-Петербу́рг - краси́вый го́род, а Москва́ краси́вее.
7) Ру́сский музе́й большо́й, а Эрмита́ж бо́льше.

3.
1) аккура́тный 2) трудолюби́вый 3) лени́вый
4) сме́лый 5) гру́стный 6) весёлый

Урок 26

1.
1) до ле́кции, семина́ра, кани́кул, рабо́ты, слу́жбы, учёбы
2) по́сле за́втрака, трениро́вки, заня́тий, стажиро́вки, гимна́стики, бе́га
3) во вре́мя о́тдыха, пла́вания, игр, сна, обе́да, у́жина, уро́ков

2.
1) Мы де́лали э́ту рабо́ту два дня. Мы сде́лали её за два дня.
2) Эту зада́чу студе́нты реши́ли за час. Они́ реша́ли её час.
3) Обы́чно мы обе́даем 30 мину́т. Сего́дня мы пообе́дали за 30 мину́т.
4) По́сле уро́ка де́ти отдохну́ли за 10 мину́т. Обы́чно они́ отдыха́ют 10 мину́т.
5) Ве́ра написа́ла рефера́т за неде́лю. Она́ писа́ла его́ неде́лю.
6) Оле́г чита́л кни́гу ме́сяц. Он прочита́л её за ме́сяц.

Урок 27

1.
а)
1) пла́ваем 2) плыву́ 3) плыву́т 4) пла́вает 5) пла́вает
б)
1) летя́т 2) лета́ем 3) летя́т 4) лечу́ 5) лета́ют

в)

1) бежи́м 2) бе́гаю 3) бегу́т 4) бежи́т 5) бежи́те

4.

1) лети́те, лети́м, лета́ли, лета́ли

2) бежи́шь, бегу́, бе́гаю

3) пла́вали, плывёте

안녕! 생활 러시아어 (수정판)
Привет! Русский язык

2013년 3월 25일 초판 인쇄
2014년 9월 5일 2쇄 발행(수정판)

저 자 최윤희, Бриченкова Е. С.
발 행 인 송기수
발 행 처 **도서출판 GS인터비전**
편 집 처 **도서출판 GS인터비전**
편 집 송진우
인 쇄 대일문예사
등록번호 제 313-2011-120 호
I S B N 978-89-97231-85-0 (94790)
978-89-97231-84-3 (세트)

주 소 서울 마포구 신수동 448-6 한국출판협동조합 B동 207호
전 화 02-976-7898, 02-3272-7898. 0707-720-7898
팩 스 02-6468-7898
홈페이지 gsintervision.co.kr
E-Mail gsinter7@gmail.com

정가 20,000원